DAXUESHENG CUNGUAN
XIAOZHUSHOU CONGSHU

大学生村官小助手丛书

如何建设现代农业

RUHE JIANSHE XIANDAI NONGYE

贺享雍 主编
杜　斌 编著

四川出版集团　天地出版社

图书在版编目（CIP）数据

如何建设现代农业／杜斌编著. —成都：天地出版社，2010.7

（大学生村官小助手丛书／贺享雍主编）

ISBN 978－7－5455－0259－6

Ⅰ. ①如…　Ⅱ. ①杜…　Ⅲ. ①农业经济－经济建设－研究－中国　Ⅳ. ①F323

中国版本图书馆CIP数据核字（2009）第237934号

如何建设现代农业

主编：贺享雍　编著：杜　斌

天地无极　世界有我

出品人　熊　宏

策划组稿　罗文琦　刘自权
责任编辑　刘自权
封面设计　韩建勇
内文设计　阿　林
责任印制　桑　蓉

出版发行　四川出版集团·天地出版社
（成都市三洞桥路12号　邮政编码：610031）
网　　址　http://www.tiandiph.com
http://www.天地出版社.com
电子邮箱　tiandicbs@vip.163.com

印　　刷　成都东江印务有限公司
版　　次　2010年7月第一版
印　　次　2010年7月第一次印刷
规　　格　850mm×1168mm　1／32
印　　张　5.75
字　　数　115千
定　　价　11.50元
书　　号　ISBN 978－7－5455－0259－6

李源潮给大学生村官的信

（代序）

2008年4月28日，参加“中国十佳大学生村官”评选活动的李伟、王红兵、戈新化等170名大学生村官，在五四青年节前夕专门给中共中央政治局委员、中央书记处书记、中央组织部部长李源潮写信，汇报与农民交往的真实感受和服务农村的收获，表达响应党和国家号召，为社会主义新农村建设贡献青春、智慧和力量的坚定决心。5月5日，李源潮部长给大学生村官回信，全文如下：

李伟、戈新化、王红兵同志：

你们在五四青年节代表170名大学生村官给我写的信已经收到了。看到新一代大学生响应党和国家的号召，胸怀祖国、立足农村，服务农民、奉献社会，发展农业、促进和谐，为建设社会主义新农村贡献青春、智慧和力量，我感到由衷的高兴和鼓舞。看到你们从最受农民欢迎、最能给农民带来实惠和最易于落实的事情做起，从刚来的“外乡人”变成农民的“贴心人”，有的还被选为村党支部书记和村主任，成了团结农民群众致富奔小康的“领头人”，我和我的同事们都要向你们表示真诚的敬意。你们与祖国共奋进、与时代齐进步、与农村共发展的人生观与价值观应得到充分的肯定和发扬。

选聘高校毕业生到农村任职，是党中央作出的一项重要决策。胡锦涛总书记指出：“此事具有长远战略意义。”为什么说这是一件具有长远战略意义的大事呢？第一，建设社会主义新农村，需要大批有科学思想、知识和眼光的新农村建设骨干力量。第二，保证党和人民的事业薪火相传、后继有人，需要培养大批经受过基层特别是农村艰苦环境锻炼、与人民群众有深厚感情的后备干部人才。第三，鼓励大学生面向基层就业，需要一批有理想、有抱负、能吃苦的高校毕业生发挥表率作用。所以，大学生到农村去，是时代的呼唤，是农民的期盼，也是党对当代大学生的殷切期望。

高校毕业生到农村去，是成长成才的一种正确选择。当代大学生思维活跃、视野开阔、知识面宽、富有创造热情，但多数人还缺乏基层艰苦生活的锻炼。如果不到实践中经风雨、见世面，就很难担当社会重任。农村既是施展才华的舞台，又是历练人生的学校。“艰难困苦，玉汝于成”。大学生到农村去任职，可以直接了解社会的实际情况，亲身体验我国的国情，建立与人民群众的深厚感情，利用有知识、眼界宽、信息灵的优势为发展生产、致富农民、建设新农村服务。大学生当“村官”的经历和经验，将会成为有志成才者受益终生的精神财富。

高校毕业生到村任职，带有一定的志愿者的性质。希望到村任职的高校毕业生，第一，要弘扬志愿者精神，做好吃苦奉献的思想准备。第二，要认真学习党的农村政策，尽快熟悉农村情况，从最受农民欢迎的具体事情做起，找准发挥作用的切入点。第三，要把自己作为农民的一分子，虚心向农民学习，与农民交朋友，先当“村民”后当“村官”。

中央已经作了专门部署，要求各级党委、政府和有关部门妥善安排到村任职高校毕业生的工作、学习和生活，满腔热忱地帮助你们解决实际困难。你们来信中希望大学生村官能有一部网络电脑，现在各级组织部门正在推进农村党员干部现代远程教育网建设，每村将建一个终端，希望你们把这台电脑使用好、开发好。

你们现在是新时期大学生村官的先行者，国家已经决定，5年内还要招聘10～20万名高校毕业生当“村官”。希望更多的大学生像你们一样把理想付诸于行动，到农村去、到基层去、到祖国和人民最需要的地方去，磨炼意志、增长才干，更好地成长为中国特色社会主义事业的合格建设者和可靠接班人。

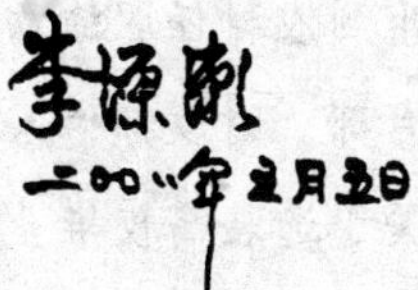

前言

从20世纪90年代中期开始，大学生村官从无到有，再到快速发展，经历了长时间的积累和发展过程。1995年，为解决“三农”问题，江苏省率先开始在全省招聘大学生担任农村基层干部。1999年，海南省推出“大学生村官计划”。截至2008年2月底，全国共有28个省（市、区）启动“大学生村官计划”，其中17个省（市、区）启动了“村村有大学生村官”计划。作为党中央的一项重大决策，选派高校毕业生到农村任职，对解决“三农”问题，实现农村富裕、农业发展、农民增收具有重大而深远的战略意义。

大学生村官到农村的工作职责究竟是什么？选派高校毕业生到农村任职的意义究竟在哪里呢？在中共中央组织部、教育部、财政部、人力资源和社会保障部2008年联合下发的《关于选聘高校毕业生到村任职工作的意见（试行）》中，明确规定大学生到农村后，主要协助做好的工作中，排在第二位的就是“组织实施社会主义新农村建设的有关任务，协助做好本村产业发展规划，领办、创办专业合作组织、经济实体和科技示范园”。而作为有知识、有文化、有思想、有技术的农村建设新的带头人，在社会主义新农村建设中，如何才能很好地完成党和国家赋予的神圣职责，社会和人民交付的历史重托，推动农村经济社会发生翻天覆地的转变和发展呢？

展望21世纪中国农业的发展形势，可以说是面临多方面挑战：既要面对国内其他经济部门的结构转换带来的压力，又要应对来自世界市场的激烈竞争。此外，国际贸易与环境保护法律法规以及社会的新要求，也给农业发展提出新的问题。中国人民银行2007年发布的第四季度货币政策执行报告中就已经提到：我国农业在国际竞争中处于较为不利的地位，农业和农村发展仍然处于艰难的爬坡阶段。在我国基本解决温饱，人均GDP超过1000美元以后，党中央、国务院及时提出了建设现代农业的要求，并把它列为建设社会主义新农村的首要任务。这是我国现代化建设和推进新农村建设的客观要求，也是实现传统农业根本转型的必然选择。

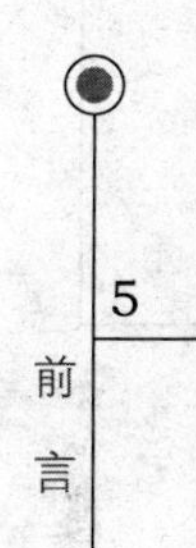

因此，从当前中国农村正在由传统农业向现代农业转变、传统农村向现代农村转变、传统农民向现代农民转变的历史现实来看，当代大学生要成为一名优秀的现代“村官”，除了要掌握扎实的专业基础知识、及时了解国家的大政方针政策、学会运用法律法规等工作手段、尽快适应农村的工作生活环境外，还需要大学生能认清社会发展规律和方向，更重要的是要懂得如何去推动农村发展，适应社会历史发展规律，朝着正确的方向前进。这当中，就必然要求当代大学生村官，要懂得在社会主义新农村建设的历史进程中，如何实现农业的现代化，即如何建设现代农业。

本书从当前新农村建设的现实出发，结合目前大学生村官的具体实际，针对大学生到农村任职后所面临的现实情况，从现代农业的基本含义和比较适宜在我国推广的现代农业的几种模式出发，结合发达国家现代农业发展的历史经验和我国现代农业发展的历史进程，以典型案例为依托，比较详细的向大学生村官介绍了什么是现代农业、现代农业的模式选择有哪些、怎样建设都市型现代农业、怎样建设生态农业、怎样建设观光休闲农业、怎样建设生态农业科技园等几个方面的内容，并结合农村经济发展和人才培养的现实需要，告诉大学生村官如何认识和发展农村专业合作社和经纪人等问题。

为了更好的体现本书的针对性、实用性、指导性、时效性、普及性，在编写过程中，本书主要采用理论与案例相结合的方式，突出对现实情况的总结和分析，重在通过案例的分析和解说，使大学生村官能够从中找到适合自己和可借鉴的实践经验，真正成为“大学生村官的小助手”。

本书在编写过程中，借鉴和参考了诸多学者的论文著作，吸收了当前关于建设现代农业最新的研究成果，引用了其中许多极具指导意义的相关理论，对现实案例的分析和介绍，以及引用了媒体上对一些建设现代农业的典型报道，在此特向有关作者和单位表示诚挚的感谢。

此外，本书在编写过程中，得到了著名作家贺享雍先生的细心指导，得到了西南科技大学政治学院贺先志教授的倾力帮助，西南科技大学法学院张娟娟老师也参与了本书部分章节的整理和最后的校对工作，在此表示衷心的感谢。同时还要感谢天地出版社对本书的顺利出版所付出的辛苦和努力。

当然，一方面我们对现代农业的认识还处于发展变化的进程中；另一方面现代农业本身也在不断地发展，加上当前中国的社会现实也处于变化发展进步之中。因此，本书在描述如何建设现代农业的过程中仍然有许多不足之处，加之能力、时间、经验的局限，本书难免会存在错漏之处，恳请广大读者提出批评意见，以利今后完善。

希望本书的编写能够为广大大学生村官在建设现代农业方面提供一些切实的帮助，并预祝广大大学生村官在自己的工作中取得佳绩。

编　者

2010年5月

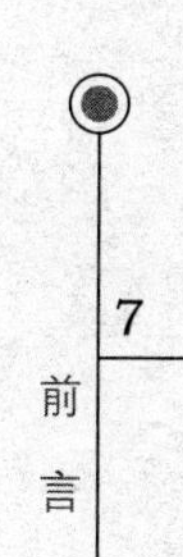

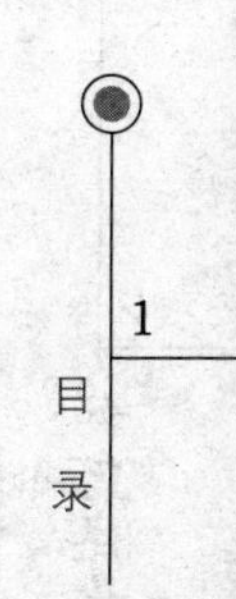

第四章　观光休闲农业

第五章　生态农业科技园

第六章　农村专业合作社与经纪人

第一章　现代农业

——悄然来临的脚步

第一节　现代农业的含义和特征

要发展现代农业，首先要解决一个问题，就是弄清楚什么是现代农业，现代农业的内涵是什么，只有准确地认识了什么是现代农业，才能够在实践中真正实现从传统农业向现代农业的转变，实现农业发展、农村进步、农民富裕的目标。

一、现代农业的含义

在过去的一百多年时间里，欧美发达国家的农业发展逐步由传统农业过渡到现代农业，先后经历了一个技术变革、经济变革、社会变革相交织的转变过程。发达国家的传统农业通过不断采用当代科学技术的新成果，推动自然再生产与经济再生产的统一，促进农业专业化趋势和社会化分工的不断发展，实现了农业劳动生产率、土地产出率的不断提高和农业的持续发展，最终发展成为体现先进生产力水平的现代农业。例如，在20世纪90年代，就比较早的由传统农业过渡到现代农业的美国，从1930年到1990

年，小麦每亩单产提高了1.45倍，棉花每亩单产提高了2.57倍，土豆每亩单产提高了3.48倍，玉米每亩单产提高了5.12倍。每个农业劳动力供养的人数从1910年的7.1人增加到1989年的98.9人。农产品的商品率从1910年的70%提高到1979年的99%，在不到一百年的时间里，美国的农业生产力水平实现了让世界为之惊叹的历史性飞跃。

可以看出，由传统农业向现代农业的转变是历史发展的必然选择，也是今后中国农业发展的必然选择。那么究竟什么是现代农业呢？

目前关于现代农业的含义有多种说法。有人认为，现代农业是农业发展的最新阶段，是用工业技术装备的、受实验科学指导的、以商品生产为主的一种农业。有人认为，现代农业指的是20世纪以来，特别是二次世界大战以来在各发达国家所出现的高度发达的农业。它实现了全面机械化，各种现代科学技术在农业中广泛应用，生产经营达到高度社会化、集约化、专业化和企业化，农业生产结构发生了根本变化，农业劳动生产率得到大幅度提高。

我们应该看到，从现代农业的发展过程来看，现代农业内涵广泛，包含多层概念，我们可以从以下几个方面来认识现代农业的内涵所在。

从技术含义看，现代农业是指在农业领域广泛采用现代科学技术，包括生物、化学、物理、气象、地理等多学科研究成果的应用和现代工业提供的技术装备，使落后、传统的以体力劳动为主的农业转变为知识密集的农业。

从经济含义看，现代农业具有不断提高的农业劳动生产率、不断提高的土地产出率、高度的社会化分工以及具有掌握现代科学知识和经营管理方式的农业劳动者。

从制度含义看，现代农业具有较为发达的市场经济制度、较为完善的政府干预农业的制度和运行良好的农业服务体系。

从社会含义看，它是农业社会化的过程，从封闭的、自给自足的小农经济转变为高度商品化、社会化的经济，并由此带动农村社会结构、农村文化结构、农民知识结构和价值观念的改变。

从生态含义看，它是人类在认识自然和改造自然的过程中，保持和维护生态平衡，使得人类能与大自然和谐相处，从而能在优美、健康的自然环境中生活，推进人类文明的发展。

同样，我们对现代农业在概念上的认识也经历了一个历史发展的过程。学者魏蔚认为，我国农业现代化的概念随着时代的发展和经济形态的变化有着不同的基本内容。从20世纪50年代到现在，随着中国经济社会发展水平的不断提高，人们对农业的认识随着社会主义市场经济体制的不断发展和完善，在观念上产生了巨大的转变，传统意义上农业现代化的基本内容也发生了巨大变化。最初对农业现代化的理解主要是停留在农用机器、服务设施等生产技术的现代化上，后来加入了经营管理现代化的理念；到90年代中后期，对农业现代化的认识更进一步，认为除了基础设施和经营管理之外，整个农业的经济结构、科学技术、资源环境以及农民生活等都要向着现代化方向发展。

现代农业不仅仅是实现了多少“化”，它的本质是资本替代劳动。

由此看来，现代农业的内涵非常丰富，很难用简短的语言准确定义。2007年中央“一号文件”指出，现代农业是以现代发展理念为指导，以现代科学技术和物质装备为支撑，运用现代经营形式和管理手段，贸工农紧密衔接，产加销融为一体的多功能、可持续发展的产业体系。建设现代农业就是要用现代物质条件装备农业，用现代科学技术改造农业，用现代产业体系提升农业，用现代经营形式推进农业，用现代发展理念引领农业，用培养新型农民发展农业。与传统农业相比，现代农业理念对农业发展有了更高的要求，要求更加依靠科技进步和劳动者素质的提高，更加依靠现代生产要素的引进使用，更加依靠市场机制的基础性作用，更加依靠多种功能的不断开发。当然，我们也必须认识到，现代农业也是一个相对的、动态的概念，在时代的不断前进与发展中，其内涵还将不断地丰富和发展。

综上分析，我们认为对现代农业的界定，不能从某一方面、单一角度、一个层次加以把握，现代农业的内容丰富，具有综合性特征，应从其共性和个性、一般性和特殊性两个方面加以把握。一方面，现代农业要以国际水平为标准，要达到国际公认的现代先进水平，这是现代农业的一般含义；另一方面，现代农业的具体实现形式又是多种多样的，在不同的国家会依各国国情的不同而有着不同的实现形式，这是现代农业的特殊内涵。

因此，如果要给现代农业下一个定义的话，那么，现代农业就是指生产手段现代化、劳动者现代化、组织管理现代化、运行机制现代化、资源环境优良化，以及在开放经济条件下的国际化的农业。或者说，现代农业是指广泛应用现代科学技术、现代工业提供的生产资料和科学管理方法的社会化大生产的农业。

二、现代农业的基本特征

关于现代农业的基本特征说法有很多，就现阶段而言，与传统农业相比，现代农业必然包含以下几个方面的特征。

1. 知识化

知识化是现代农业的核心内容，是要通过不断提升农业生产经营主体的知识化水平，打造出提升农业品质的内在力量——现代农业人才。通过现代农业人才知识力量的集聚与发挥，在现代农业发展过程中，把各种现代社会科技创新、人文创新的巨大知识性力量，转化为适应不同消费层次的系列物化了的现代农业产品，提高农产品的经济附加值，从而解决增加农民收入的问题，创造更高的经济效益。现代农业的知识化特性，必然要求加强对农民的现代科学文化知识的教育和更高层次职业技术的培训，从而提高农民的科技文化素质，使其在现代农业生产过程中，把科技知识转化到现代农业产品中，实现现代农业经济效益的提高。

2. 市场化

现代农业引入现代商品经营理念，是以市场为导向，按市场化要求来运作的现代农业理念。因此，现代农业发展的制度基础——市场经济体制必然要求现代农业必须具有市场化的特性。当前，现代农业的建设与发展，“自给而产”的传统小农经济的观念必须要克服，树立“为卖而产、为赚而卖”的意识对现代农业的发展具有重要的意义。我们应当把农业生产定位于一种商品生产，在实现农产品的交换过程中获取最多的经济利润；同时，要注意克服“重生产、轻市场”的传统农业观念，要将“贸易为先、以销定产”的意识不断在现代农业的建设过程中树立起来，要随时盯着市场风云变化，花大力气去争取市场订单的持续性和规模性，围绕市场需求转，盯着市场变化干。对于传统的“以产量论英雄”的观念要进一步肃清，将“以效益为核心”的意识深入到人心，把效益作为农业生产经营的根本标准，合理开发资源，把资源优势转为生产优势，进而形成商品优势、经济优势。

3. 产业化

现代农业理念要求，必须实现农业经营模式的产业化。经营要面向市场，通过产业化经营，将农业从相对封闭的生产体系转变为更加开放的产业体系。面对现代农业这种开放的产业体系，在经营市场上，我们不仅仅是针对国内农产品市场对国外农产品的开放，以及国内农业开发对国外资本的开放，同时也包括农业产业系统对其他产业系统、农业部门对其他部门，以及农业生产经营诸环节之间的开放。因此，现代农业产业化特性就要求克服“农业即生产”（强调农业只是生产农产品的劳动）的传统农业观念倾向，树立现代农业“一体化经营”的意识，把种养业向加工、销售等经营环节延伸，把第二、第三产业与种养业连接，从而在开放中实现产业化经营；同时要克服农业在传统意义上的内部“封闭发展”的倾向，将“开放经营”的现代农业理念逐步树立起来，在农业生产经营过程中，主动促进农业对外（地域、部门、环节）开放，主动融入国际市场，力求在更大空间聚集现代农业发展所需的资源、辐射现代农业的产品营销。另外，还要在宏观上克服“部门分割”的倾向，在农业发展理念上要树立“城乡统筹”的意识，注重城乡经济相互协调，发挥产业管理部门的整体效能，在分工协作中促进发展。

4. 集约化

现代农业的经营方式必然要求从粗放型转变为集约型。我们所说的农业经营方式，既包括农业经济活动的组织形式，也包括农业要素的投入方式。现代农业的集约化经营是一种内涵式扩大再生产，即在一定面积的土地上投入较多的资本，采用新的科学技术，通过专业化、规模化实现精耕细作的农业经营方式。也就是说，现代农业扩大再生产，不是传统农业中依靠土地和劳动力投入的不断增加来实现的，而主要是通过资本投入的增加、科学技术的应用、土地的适度集中和有效的组织管理，促进农业实现较高的投入产出率，提高农业效益。

5．可持续化

现代农业是可持续发展的农业，在农业发展过程中保持农村的“生产、生活、生态”平衡，这是现代农业发展的必然要求。在现代农业发展的初始阶段，发达国家对化肥、农药的大量投入，虽然在一定程度上提高了农业的生产效率，将传统农业的生产模式逐步转向现代农业，但同时也带来了巨大的生态环境恶化问题。因此，随着现代农业发展的不断深入和认识的不断提高，可持续性也成为了现代农业的必然要求。可持续发展的现代农业，是更多地依赖更新的资源和生物措施，不断减少化肥、农药的使用，有效保证食品安全。在重视发展经济的同时，也更加重视保护资源、改善环境和提高食物质量。要求现代农业的发展必须是集生态效益、经济效益和社会效益为一体的发展，因此，现代农业在发展过程中需要保证实现农业可持续发展。

第二节　国内外现代农业建设的经验

一、国外的经验

国外发达国家和地区，在传统农业向现代农业转变过程中取得了显著成就，出现了一些成功的模式，典型的包括美国模式、日本模式、西欧模式。分析这些国家和地区的成功实践，将给我们发展现代农业提供非常多的借鉴。

美国的特点是地广人稀，人均土地资源丰富。这一资源特征，使得土地和机械的相对价格长期下降，而劳动力的相对价格不断上升，促使农场主不得不用机械动力替代人力，这种替代包含着农业机械技术的不断改进。在美国农业现代化起步过程中，主要以机械技术占了主导地位。

类似美国那样地广人稀、以机械技术的推广应用为起步的农业现代化模式，还有加拿大、澳大利亚、俄罗斯等国。

日本的资源特征与美国正好相反，1880年每个男性农场工人的平均农业土地面积只有美国的1/36，到1960年则只有美国的1/97，可耕地是美国的1/47。随着农用工业的快速发展，以及生物技术的进步，给日本农业现代化提供了契机。日本在农业现代化过程中，以生物技术为农业技术创新的重点，缓解土地资源不足，提高单产，增加农产品供给。

类似日本人均土地紧张的荷兰，也由于采用生物技术提高单产，成为出口农产品的重要国家。

当然，到今天，发达国家已不再仅仅依靠起步时的模式来发展现代农业了，像美国，现在之所以在世界农产品市场上竞争力超卓，其在农业科技、农业产业链、农业生态，以及农业合作组织等方面都有着非常好的发展。

科研、教育、推广三结合的体制，使美国农业科技取得极大的成功。美国农产品生产、加工、营销各环节紧密相联，实现了“从田间到餐桌”的产、加、销一体化。一方面，超市、连锁店等大型企业建立了自己的配送供货机构，直接到产地组织采购、加工；另一方面，农产品加工企业发达，加工水平高，成为家庭农场与市场销售的中坚力量。

美国对农业环保要求很严，十分注重有机农产品生产，尽量减少化肥和农药的使用。在美国，从联邦到各州都制定了有机农产品生产标准，从品种选育、生产管理、收获技术、产品加工等都有统一的技术操作规程，大大提高了农产品在国际市场的竞争力，如加州对农作物杀虫剂限制很严格，尽量减少化学药剂，鼓励使用有机肥料、生物农药。

为保护自己的利益，农民组织了农协和各种生产者协会，帮助农户销售产品和进入市场。农协的主要任务：一是销售和加工服务；二是供应服务，包括销售石油产品、化肥、农药、饲料、种子、农机及其零配件；三是信贷服务。

可以看出，在今天，发展现代农业所需要把握的内容已经非常广泛，对于国外发达国家建设现代农业所积累起来的经验，我们应当充分的认识、合理借鉴。

二、国内的经验与启示

新中国成立61周年，改革开放走过32年之后，中国的农村建设也有了比较大的发展，在现代农业的建设和发展上，除了台湾是中国发展比较早、建设比较好的地区之外，上海、浙江等地，也成为中国传统农业向现代农业转变的典型。

台湾是中国现代农业起步比较早的地区，台湾地区政府利用土地改革，成功奠定了农业发展的基础后，以市场导向型的农业制度与政策为主，为传统农业转变为现代农业提供了内在的制度激励。台湾当局采取了一系列措施推进农业的市场化进程，包括：积极培养农产品的营销人才和技术人才，为农业的转变奠定了人才基础；长期对农产品的外销采取优惠外贸政策；重视农产品市场基础设施建设，同时建立了一套完整的、科学的市场管理制度及其相应的政策法规。另外，台湾当局进行了进一步的农业政策结构调整，提高了现代农业的发展水平。根据岛内外农产品供求的实际情况，决定农业结构调整的方向和步骤，通过对缺乏竞争力的农产品实行辅导转业，扶持技术集约、资本集约，加强培育优良农产品品牌，加快发展有机农业等措施，促成农业结构调整政策目标的实现。

浙江也是比较早开始进行现代农业建设的省市之一，其对现代农业的探索逐步形成了具有江浙特色的现代农业发展模式。首先是农业结构的调整，这是浙江由传统农业向现代农业转变的重要条件。改革开放以来，浙江省农业结构发生了很大的变化，以农业为主的农村产业结构，开始向农业与非农 产业共同发展的方向转化；以种植业为主的农业产业结构，开始向农林牧渔各业综合发展的方向转化；以粮食作物为主的种植业结构，开始向粮食作物、经济作物、蔬菜瓜果全面发展的方向转化，粮食作物内部结构得到了调整。在农村经济新体制的建立和创新、农业基础设施的完善、农业结构的适时调整，对建设现代农业的成功实践起到了巨大的促进作用。

上海是中国内地现代农业建设发展的典型代表。上海要在21世纪实现把上海建成一个以浦东开发为龙头，以国际经济、国际金融、国际贸易为中心的国际化大都市，那么，依托国际大都市的发展，推动现代农业园区的建设，成为上海农业政策调整的方向。上海现代农业园区建设，最早的已经有二十多年的历程，上海孙桥农业园区是其中的典型代表。目前来看，孙桥农业园区很好的显现了两大桥梁作用：一是国外先进农业与中国农业接轨，二是传统农业向现代农业转变。目前，上海孙桥农业园区充分利用上海的人才、技术、资金的优势，已经建成了具有先发优势的中国现代农业园区。工厂化农业、都市农业、品牌农业在上海也已经是多处可见并且特色明显，先后趋于成熟。而起步较晚的农业园区也有着明确的现代农业发展目标，地处上海边缘与浙江交界地带的金山农业园区，“城乡一体化、农业现代化、农村城市化、农民市民化”，已成为这一类上海郊区发展现代农业园区的战略，也逐步成为上海农业向规模化、集约化、市场化、产业化、可持续化经营的发展方向。

第三节　现代农业模式

现代农业发展过程中，各个国家或地区因地制宜，形成了各自行之有效而又各具特色的发展模式，而其中比较典型的现代农业发展模式有四种：都市型农业、生态农业、观光休闲农业和农业科技园。

一、都市型农业

随着我国越来越多的城市向现代化大都市迈进，其农业发展也必然需要由城郊型农业向都市型农业转变。都市型农业，作为农业现代化、工业化和城市化发展中城郊农业的一种新形态，在使城市功能优化完善、推动城乡协调发展、建设社会主义新农村、全面建设小康和构建和谐社会中，具有重要意义和特殊作用。通过都市型农业的完善和发展，在推动农业发展的同时，克服目前大都市共存的城市病，解决人口密集引起的生态恶化，水质、空气、土地等污染问题，并把发展都市农业与改善城市生态环境结合起来，使农业在进行生产的同时，创造出赏心悦目、回归自然、休闲度假的优美环境，从而将“都市”与“农业”真正地融为一体，实现都市农业生产、生活、生态的多功能性，改善城市景观，促进人与自然和谐、农业增效、农民增收和城乡统筹协调发展。

二、生态农业

生态农业兴起于20世纪60年代，这一术语是70年代美国和西欧发达国家提出的，是一种在良好的生态条件下所从事的“三高（高产量、高质量、高效益）农业”。它追求经济效益、社会效益、生态效益的高度统一，使整个农业生产步入可持续发展的良性循环轨道。了解生态农业的发展条件和规划方向，探究其发展的运行模式，并在此基础上建设和完善现代生态农业园区，推进新农村建设的观念，这是当前及今后我国农业发展的一种模式，是发展现代农业，建设新农村的有效途径。

三、观光休闲农业

观光农业与乡村旅游最早始于经济发达国家，意大利在1865年就成立了“农业与旅游全国协会”，专门介绍城市居民到农村去体验农田野趣，可谓观光农业的萌芽阶段。到了20世纪30年代，许多发达国家已经普及了集观光、度假、探险、租赁各种观光农业项目于一体的农业旅游，如德国的“度假山庄”、法国的“教育农园”、意大利的“绿色度假”、日本的“观光农园”、澳大利亚的“郊野宿营”等。

观光休闲农业，是以农业生产过程、农村风貌、农民劳动生活为主要吸引物，农业和旅游业结合而形成的新型产业。近年来，观光休闲农业逐渐成为国内旅游和假日旅游的新亮点，引起政府、投资者和开发商的重视。广义的观光休闲农业，是指广泛地利用农村空间、农业自然资源和农村人文资源进行旅游开发，扩大农业的观光休闲旅游功能，满足游客不同层次的需要。它不仅包括传统的农业生产经营活动，而且包括农村观光、休闲、游览及与之有关的旅游经营、旅游服务等内容，为游人提供具有农村特色的吃、住、行、玩、购等方面的服务，满足人们对自然景观和乡土气息的向往。

四、农业科技园

农业科技园是社会经济和科学技术水平发展到一定阶段的产物，是一种以现代农业科技成果的组装、集成、示范、推广为手段，通过土地、资本、技术、人才的高度集中与高效管理，促进传统农业向现代农业的根本性转变，大幅度提高农业整体效益、可持续发展能力、农业和农产品国际竞争力的新型组织形式。

农业科技园发展到今天，随着这一新事物的日趋完善，我们对农业科技园的认识也更加趋于统一。农业科技园，一般是指以一定规模的土地为基础，以提供相应的配套措施和优惠政策为条件，吸引国内外农业高新技术企业入住，以农业设施工程为主体，以产业化发展为手段，以市场机制为引导，具有多种功能和效益的集约化生产和企业化管理的新型农业组织形式。

第四节　现代农业——农村经济飞跃的助推器

展望21世纪中国农业的发展趋势，可以说是面临多方面挑战：既要面对国内其他经济部门的结构转换带来的压力，又要应对来自世界市场的激烈竞争。此外，国际贸易与环境保护法律法规，以及社会的新要求也给农业发展提出新的要求。中国人民银行2007年发布的第四季度货币政策执行报告中说：我国农业在国际竞争中处于较为不利的地位，农业和农村发展仍然处于艰难的爬坡阶段。在我国基本解决温饱，人均GDP超过1000美元以后，党中央、国务院及时提出了建设现代农业的要求，并把它列为建设社会主义新农村的首要任务。这是我国现代化建设和推进新农村建设的客观要求，也是实现传统农业根本转型的必然选择。

目前，我国现代农业发展面临的突出矛盾较多，难点不少，主要包括四个方面。

一是资源短缺与提高农业综合生产能力的矛盾。

我国是一个农业资源相对匮乏的国家，人均耕地面积1.2亩，仅为世界平均水平的1/3；人均水资源仅为世界平均水平的1/4。资源短缺加大了我国农业发展和农产品供给的压力。

二是农户小规模生产与实现农业集约化经营的矛盾。

我国有2.49亿农户，户均耕地为7.3亩，只相当于美国的1/400；因为分配承包地要肥瘦搭配、离家远近结合，每户耕地又被分成若干块。这种小规模分散生产，增加了我国发展农业集约化经营的难度。

三是农村大量劳动力富余与提高农业劳动生产率的矛盾。

我国农村富余劳动力达1.5亿，每年还新增600万农村劳动力。农业劳动生产率只相当于国内第二产业的1/8和第三产业的1/4左右。农业与非农业人均创造的GDP差距比例，由1990年的1∶3.9，扩大到2001年的1∶5.2。农村大量劳动力富余，影响了农业劳动生产率的提高。

四是农业投入不足与农村要素外流的矛盾。

现代农业的发展，需要大量的投入。但是，农村的土地、资金等一些要素仍然不断从农村流入城市，严重制约了农业发展。1998—2004年，我国净减少耕地1.08亿亩。农村储蓄资金等要素外流问题也比较突出。

如何在竞争激烈的形势下实现农业的飞速发展，从国内外的经验和教训来看，只有不断推进、建设与发展现代农业，才能解决目前我国在农业发展中遇到的各种问题，现代农业已经成为农村经济飞跃的助推器。

1．充分发挥市场对农业资源配置的作用

必须明确的是，政府在促进农业发展中的作用主要在于引导而不是支配。市场需求是农民（农村）生产的动力和基础。各级政府职能部门以及商会、协会等各种民间组织，也要尽可能收集包括市场在内的各方面信息，并提供给农民，为其决策服务。配合这种农业生产的需求，大专院校、科研机构选择项目和实用技术的开发，以帮助农民促进生产，真正实现育、种、加、销一体化，使农业生产实现持续稳定的良性循环。因此，第一，要把市场放在首位，发展农业产业化经营。农民和农产品加工企业要提高自己产品的竞争力，提高农产品的科技含量，树立质量第一的意识。第二，企业和农户的所有经营方式和行为都要从市场出发，重视社会消费需求的变化，注重市场调研，重视市场营销。第三，要积极开拓国内和国际两个市场。不仅要着眼于国内，而且要放眼国际，在国际大市场上找出路。特别是要抓住世贸组织的有利条件，大力实施农业产业化工程，以龙头企业带动千家万户，发挥品牌效应，积极拓展国际市场。第四，要按照市场经济的规律，使市场主体能够独立自主、自负盈亏地在体系和框架内运营，充分发挥企业的能动作用和市场的调节作用。

2．高度重视农产品质量安全，不断提高国际市场竞争力

我国加入世界贸易组织以及经济全球化的迅速发展，使农产品质量安全（外观和内在品质）成为市场竞争力的关键。没有统一的标准只能是单打独斗，形不成规模和气候，更不符合全球经济一体化所带给我们的机遇和需求。要十分注重有机农产品生产，尽量减少化肥和农药的使用。当前，我国已开始发展无公害、绿色、有机农产品生产，应加快这方面的工作步伐。一是加快制定和建立符合世界贸易组织等国际规则的农业质量标准体系、安全标准体系、认证体系、农产品检验检测体系，全面推进农产品、食品质量安全管理。二是加强宣传教育，建立统一、权威、有效、便捷的农产品质量安全信息收集、整理、分析、发布制度和渠道，增强消费者对无公害、绿色、有机农产品的认知度。三是增强组织化程度，以农业产业化推动无公害、绿色、有机食品的发展。四是利用世界贸易组织的“绿箱”政策，对绿色农产品进行扶持，重视“绿色营销”的作用，培育和发展具有影响力的知名品牌。

3．不断加大农业环保的力度，全面实施可持续发展战略

政府要十分重视环境保护，人与自然和谐协调，遏制生态环境恶化。一要将农业发展与生态保护结合起来，探索总结各具特色的生态农业模式。二要加大环境的污染治理和保护措施，提高农药、兽药、鱼药等产品的质量和安

全性能，减少农产品中有害物质的残留和污染。三要加快退耕还林、还草还牧步伐，积极调整优化农业产业结构。四要结合新农村建设，加快农村能源事业发展，保护生态环境，努力引导农民建设美好的生态家园。五要发展节水、节能、节约用地的节约型农业。

4．加强财政投入和政策扶持，提高农业的综合生产能力

尽管我国近几年对农业的财政支持规模不断扩大，但财政投入结构存在不少问题。首先，应加强对质量安全和信息体系建设的投入。我国一直比较重视对生产环节的投入，但对市场信息体系的建设、农产品质量检验、流通和市场促销等方面的支持刚刚开始，远远不能适应形势发展的需要。而这些方面正是现代农业发展到市场化阶段，提高农产品质量、增强农产品竞争力的重要方面。因此，建议政府部门加强宏观引导，把支农的重点调整到加强农业质量标准和检验检测体系、农业信息体系以及农业执法体系建设上来。其次，加大农业基础设施投入。世界银行对58个国家的研究表明，农业基础设施投资的收益率，远远高于项目投资成功收益率标准。我国应该增加农业直接受益，改善农业生产条件和农民生活条件的基础设施的投资，比如加强专业批发市场的建设，扩大和完善市场功能。第三，增加对农业科研的投入。农业科研是农业发展的源泉，针对我国目前对农业科研投资过低的现状，建议将农业科技研究和推广的公益性及相应的公共投资，列入财政支农资金的投资重点予以保障。

只要我们不断加强建设现代农业的步伐，推动传统农业向现代农业的根本性转变，中国的农业发展、农村进步、农民致富的目标就一定能够实现。

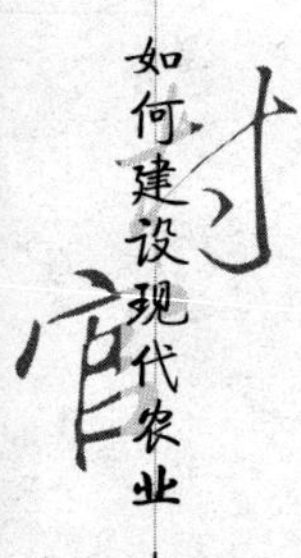

第二章　都市型现代农业

第一节　都市型现代农业的特征

什么是都市型现代农业呢?

我们首先来看一下，在我国最早进行都市型现代农业建设的上海市是如何做的。

都市型现代农业在我国发展时间较短，上海是最早研究并付诸实践的城市。20世纪90年代，随着浦东开发，上海以全世界惊异的速度朝着国际化大都市方向发展，上海城乡格局发生了深刻的变化，原来的农业发展模式已经不适应国际大都市的要求，上海市委、市政府在总结城郊型农业基础上，借鉴发达国家的成功经验，于1994年提出了上海农业由城郊型向都市型发展的目标，并将其纳入上海2010年远景目标规划。

在进行都市型现代农业建设起步时，上海的发展有以下几个现实背景。

第一，城市功能性质的转变。20世纪90年代初，伴随浦东的开发开放，党中央作出了把上海建成国际经济、金融、贸易和航运中心的重大战略决定。与建设国际化大都市的功能目标相适应，客观要求上海郊区也应该有现代、高效的农业，需要农业不仅具有生产功能，还应发挥社会文化、生态景观等多元功效。

第二，城市化加速，农用地减少，城乡格局改变。20世纪90年代初以来，上海城市化进程明显加速，各类非农建设用地大幅扩张，农业用地明显减少，生产空间有限，生产成本升级，客观要求农业生产必须转向高效的现代农业；城市化的快速推进极大地缩短了乡村与城市的经济距离，城乡经济社会联系日趋紧密，推动农业功能结构和布局结构的转变。

第三，经济体制改革与农产品市场供需结构的改变。20世纪90年代初以来，随着社会主义市场经济体制的建立和发展，以及农产品购销体制改革，大市场大流通的农产品自由贸易格局逐渐形成，国内外大量农产品相继涌入上海，农产品市场出现相对过剩，食品短缺问题不复存在，而本地一部分农产品由于价格或品质上不具备竞争优势，出现“卖难”问题。在此情况下，农业增收、农村稳定就上升为主要问题，客观要求上海农业根据资源特征和比较优势进行生产结构和产品结构调整。

第四，居民消费结构的改变。随着收入水平和生活水平的不断提高，居民的食品消费结构由温饱型向小康型转变，由追求量的满足向关注食品的安全卫生和健康营养方面的转变；食品支出在家庭生活支出中的比重不断下降，精神文化需求不断提升，节假日选择旅游度假的市民比例逐渐增长，出游结构逐渐多元化，田园休闲旅游逐渐兴起。居民消费结构的改变，成为农业产品结构和功能转变的市场拉动力量。

第五，环境问题的凸显与环境改善的需要。经济的快速发展带来了更多的环境污染与破坏，而早期的环境保护滞后于经济发展，严重影响了居民的生活质量，与发达国家的大都市环境存在明显差距。20世纪90年代初，随着建设国际化大都市目标的提出，以及改善居民居住和生活质量的需要，环境保护和改善问题逐渐上升到重要地位。但是生态环境的改善需要大量土地，在可用地资源十分紧张的情况下，难以进行大规模的绿化和景观建设，因此需要积极开拓农业在生态环境建设方面的作用。

第六，城乡可持续发展的需要。现代化的都市农业有效融入了城市的经济、生态和社会文化系统，是城市的有机组成部分。没有农业的城市不可能实现可持续发展。对上海而言，每天巨大的农副食品需求量需要郊区农业提供重要保障；两百多万的农业人口，近六十万的农业从业人员，不可能全部转移到城市，在相当长的时期内，还需要农业作为吸纳这部分适龄就业人口的蓄水池，保证社会稳定；居住环境和生活质量的提高，需要农业在密集的非农设施之间营造开敞空间，改善生态环境质量，满足市民亲近田园的精神文化需求。只有坚持发展都市型现代农业，才能提升农业的经济地位与吸引力，才能在经济高速发展的过程中把一部分耕地长期或永久保留下来，从而实现农业的可持续发展，实现农村的可持续发展，才能实现农业在食品保障、人口就业和环境改善等方面的功能，从而保证城市的可持续发展。

基于上述经济社会背景，20世纪90年代中期，上海市政府将发展都市型现代农业列入国民经济和社会发展“九五”计划，提出上海农业要走出一条具有生态平衡、观光休闲、科技示范、出口创汇等多种功能的都市型农业发展新路，自此开始了政府推动下的、顺应经济社会发展客观需要的都市农业发展之路。此后，上海市国民经济和社会发展“十五”计划、“十一五”规划均明确以都市现代农业为目标导向。目前都市型现代农业已经成为上海农业发展的必然趋势。

通过上海在建设都市型现代农业起步阶段的几点认识可以看出，建设都市型现代农业，必然是将农业发展与现代都市发展紧密结合，将农业发展战略纳入城市发展战略的全局当中，对农业在现代大都市发展过程中所起到的各种功能性作用的充分认识，并对大都市发展给农业所产生的各类有利因素的全面应用的基础上进行的。

综合各方面观点，有学者给都市型现代农业作了如下定义：都市型现代农业是指依托于大都市，服务于大都市，遵从大都市发展战略，以城市统筹和谐发展为目标，以城市需求为导向，以现代技术为特征，具有生产、生态、生活等多功能性和知识、技术、资本密集特点的现代集约持续农业。

第二节　都市型现代农业的发展趋势

虽然当前都市型农业在世界范围内普遍存在，但其主要功能的完全实现，也主要存在于发达国家或具有一定比较优势的少数发展中国家。在广大的发展中国家，都市型现代农业的主要功能，还集中于解决城市贫民或一部分城市化地区居民的温饱和营养问题；增加城市贫困家庭的收入，解决经济发展滞后于城市化速度而造成的大量无业城市人口的就业问题，使他们得以维持基本的生活需求。一般而言，除区位差异外，发展中国家都市农业的生产方式与传统的农业没有比较明显差别。而发达国家的都市农业则是在区域经济社会水平较为发达的背景下形成并发展的，相对而言，起步早，起点高，生产方式先进，科技含量高，功能多元化，目前已经达到较高的发展阶段，积累了较多的发展经验，有许多值得借鉴之处。

一、部分发达国家和地区的都市农业发展实践

1. 美国的都市型现代农业

美国是世界上现代农业发展最好的国家之一，其都市型农业的发展水平也居于世界领先地位。在美国国内被视为受城市影响的郡（位于都市区内或与城市毗连的郡）中，生产了全国79%的水果，68%的蔬菜，52%的牛奶。美国的都市型农业是多种类型的集合发展，既包括都市区域内的农业，也包括城市内部的农业，主要类型有商业农场、社区农园和庭院农园等。

许多商业农场都选择建在城市郊区附近，以便农民可

以同市民建立更为便利和直接的联系，从而获得长期稳定的收益，甚至实现农民与市民之间门对门的产品服务；所建的农场中，面积小于152亩的占据了较大比例。也有农业企业和城内居民参与经营，是城内居民解决食物和增加收入等问题的重要途径。市民可以通过采摘、种植、观光等形式参与，体验都市农业活动，增进与农业、与土地的关系，增强农业保护的责任感。

社区农园是将大块的土地分成小块供市政当局、公共机构、社区组织、土地信托单位或私人使用，他们经营农园主要是为自己、家庭或朋友提供更多、更有营养的蔬菜等食物，当然也有一部分是为了增加收入。一个社区农园包括多个家庭，从规模上看既包括很小的袖珍地块，也包括拥有很多园丁的大型农园。除了生产食物，社区农园还为居民提供了聚会空间，使邻里相互认识，并且把他们住区周围原本杂草丛生，垃圾充斥，危险聚集的闲置地块变成了绿色和丰收的空间。1997年，美国社区农园协会估计在美国38个城市中有6000多个社区农园，包括在闲置地块和公共居住社区计划中的土地。这些农园中超过30%始建于1991年，可见居民对这种社区农园的兴趣是不断增长的。

庭院农园是在城市内部的房屋周边，包括阳台、平台和屋顶空间种植蔬果花卉等园艺作物，养蜂、养殖小动物或鱼等的农业行为。一些大城市的内城区由于经济萧条，人口外迁而出现许多闲置地块，其中很多能够被安全转化为农业用途的地块已经被恢复。一些医院、老年中心、戒毒所，以及长期护理机构等也进行了食物种植活动。一些学校的项目将农园与学校的许多课程结合，让学生参与食物种植，让学生接受农业知识技能教育，产品被送到学校的食堂。在美国芝加哥、西雅图等许多大城市也出现了不同类型的庭院农园。

2. 日本的都市农业

日本都市农业主要集中在东京、大阪、中京三大都市圈内。虽然早在20世纪30年代，日本学者就已提出都市农业的发展思想，但是日本都市农业的真正建设发展则始于70年代初。二战后，随着经济高速发展，日本城市外围地区都存在耕地大量减少，农业人口外流，农业从业人员老龄化、妇女化、兼业化等问题。至70年代初，日本都市区的环境问题、粮食问题、防灾问题越来越突出，市民的休闲、娱乐等需求也逐渐增强。为了保护耕地，防止大城市人口和产业过于集中，改善都市环境，满足市民不断增长的休闲娱乐和防灾需求，开始了政府推动下拓展农业生态、社会文化等多元功能的都市农业的建设实施进程。

日本都市农业的主要功能表现在以下几方面。

（1）生产和经济功能。为都市居民提供蔬菜、水果、花卉、乳、肉、禽、蛋等副食品，为市民提供就业机会。

（2）生态功能。主要目的是保持水土，调节城市生态，绿化美化城市环境，提供避灾场所。

（3）社会文化功能。主要包括传承传统文化，对青少年进行农业知识技能教育，满足市民亲近自然，放松身心的休闲需求。

观光休闲农业是日本都市农业中的重要内容，主要包括三种类型：一是农业公园、森林公园等农业资源环境利用型；二是农产品采摘品尝型；三是民宿农庄等耕作、体验型。此外还包括农业生产科普教育园地等。日本的休闲农业一般选择在远离城市但交通便利的乡村。

日本都市农业的主要特征表现在以下方面。

（1）从布局结构看，城市内部农业以点状镶嵌、插花式分布于城市社区之间，市区内以点、片状为主。据1988年日本农业部资料统计，东京都面积1公顷以上的农地占市区农地总面积的52%，面积大于5公顷的大片农地仅占2.3%。

（2）从就业结构看，以非农产业为主，兼营农业的农户占据绝对比例；以农业为主，兼营非农产业的农户比例少，专业农户不到1/10。

（3）从生产经营形式看，日本都市农业已经达到高度现代化的水平。早在20世纪70年代日本就基本实现了农业机械化，80年代以后逐渐向智能化方向发展，90年代以后东京、大阪等地区的农业逐渐实现自动化、智能化和设施化生产，农业用种全面普及良种化。

日本政府非常重视和支持都市农业的发展，主要举措包括：制定一系列严格的农地保护法律法规，采取优惠政策鼓励都市农业长期持续经营；采取多项措施防止高度集约化和设施化造成的土壤肥力减退和连作障碍；通过低息贷款、购买农业生产资料补助等多种手段扶持农业发展；

非常注重农业人才培养，通过不同类型的学校分别培养农业科研人员、技术指导人员和农业经营者等不同层次的农业人才，对农业科研教育的重视是推动日本农业科技普及和都市农业现代化的重要推动力量；建立完善的农业社会化服务体系，为农民提供生产信息、技术服务、生产资料、贷款以及整个销售环节的各项服务，提高了产品的竞争优势，甚至为农民提供各种周到的生活服务，使农民可以像市民一样享受到便捷的服务。

二、当前中国都市型现代农业发展的可借鉴模式

通过对发达国家发展都市型现代农业的模式分析可以看出，我们不可能照搬任何发展模式，都市型现代农业的发展模式的确定，都是以各地所独有的特殊条件为依据，依托所毗邻的大城市发展的客观条件，选择适合自身可持续发展的都市型现代农业模式。

1．设施农业

设施农业是通过采用现代农业工程和机械技术，改变自然环境，为动植物生产提供相对可控制甚至最适宜的温度、湿度、光照、水和肥等环境条件，在一定程度上可摆脱对自然环境的依赖而进行有效生产的农业。设施农业是当前都市型农业发展过程中各地普遍采取的一种发展模式，它具有高投入、高技术含量、高品质、高产量和高效益等特点，是最有活力的农业新产业。当然，设施农业是涵盖建筑、材料、机械、自动控制、品种、栽培技术和管理等学科的系统工程，因此，在传统农业向现代农业转变

过程的初始阶段，需要各方面的资金、技术、教育、管理的协调投入，其发达程度也是现代农业水平的重要标志之一。

2. 籽种农业

籽种农业是通过发展动植物良种带动农业发展的产业。农作物良种是农业科技的载体，是作物产量和质量的根本内因，是实现农产品高产、稳产、优质的重要保证。综观世界各国发展农业的历史经验，都是走品种改良之路，以种子为突破口带动农业的飞跃，特别是传统农业向现代农业观念的转变初期，人们多数是以对品种改良入手的。据联合国粮农组织分析，近几十年在全球农作物的单产提高中，良种的贡献率达25%，而发达国家良种在农业增产中的贡献率为50%～60%。相关统计分析表明，近五十年来，影响我国农作物单产提高的诸多因素中，良种的作用占30%～35%。动物畜禽良种在畜牧生产中所起的作用是任何因素所不可取代的，畜牧生产的每一次突破和跨越都是以良种革命为先导。在促进畜牧业增长的各项因素中，良种贡献率在40%以上。

3. 观光休闲农业

观光休闲农业又称观光农业或休闲农业，是在调整农业产业结构中出现的一种新型农业生产经营方式。它以农业和农村为载体，以田园景观和自然资源为依托，利用农村设施与空间，结合农林渔牧生产、农业经营活动、农村文化及农家生活，经过规划设计与建设，使其成为一个具有农业经营特色的经济区域。观光休闲农业具有狭义和广义两种含义。狭义上的观光休闲农业仅指用来满足旅游者观光需求的农业；广义上的观光休闲农业应涵盖“观赏农业”、“农村旅游”等不同的概念。在目前旅游成为社会消费热点的情况下，发展观光休闲农业的市场潜力是巨大的。游客可观光、了解农民生活、享受乡土情趣，部分劳动过程旅游者可以亲自参与、体验。农村丰富的乡土文化、民俗古迹等多种资源，可供游客参观。通过寓教于乐的形式，让参与者更加珍惜农村的自然文化资源。

4．农业科技园区

农业科技园区是集科技核心区、科技示范区和科技辐射区三种功能为一体，从事现代农业生产经营的新型农业企业。它以企业化的方式独立运作，以农业科研、教育或技术推广为依托，以市场为导向，以体制创新和机制创新为动力，以转化科技成果为中心，以对农业新技术、新品种、新设施的示范、推广为手段，进行农业现代化建设，并以促进区域农业结构调整和产业升级，实现企业利润增长和农民富裕为目标，是现代农业发展的有效模式。

5．特种种植与养殖业

特种种植与养殖业，也称为精品农业。特种种植、养殖业是利用区域资源优势、技术人才优势等条件，扬长避短，避开传统的种植和养殖品种的生产，通过特种种植、特种养殖，生产名、特、优、新、稀等高附加值产品，满足消费者高档次、多元化的市场需求。

6．循环农业

循环农业是一种以资源的高效利用和循环利用为核心，以减量化、再利用、再循环等为原则，以低消耗、低排放、高效率为基本特征，符合循环经济理念和可持续发展理念，满足建设节约型社会和环境友好型社会要求的现代农业增长方式。

7．生态农业

生态农业是按照生态学原理和生态经济规律，因地制宜地设计、组装、调整和管理农业生产和农村经济的系统工程体系。它要求把发展粮食与多种经济作物生产，发展大田种植与林、牧、副、渔业，发展大农业与第二、第三产业结合起来。利用传统农业的精华和现代科技成果，通过人工设计生态工程，协调发展与环境之间、资源利用与保护之间的矛盾，形成生态上与经济上两个循环，实现经济、生态、社会效益的统一。

8．加工农业

加工农业是指以农产品为原料，进行食品加工、食品制造，服装鞋帽、印刷和医药制造的产业体系。

除上述八种模式以外，在某些地区还出现了标准化农业和出口创汇农业等实践模式。

第三节　都市型现代农业体系的构建

如何建设都市型现代农业体系呢？对于不同的地区来说，具体区域特点不同和实践模式的选择不同，具体的做法是有区别的，虽然在微观的细节上存在较多的不一致，但在宏观规划上是有规律可循的。我们以天津静海县都市型现代农业体系构建为例，寻找一些具有共性的规律来借鉴。

静海县位于天津市西南部，总面积1414.9平方公里。该县属河流冲积平原，大部分地区海拔高度在4米以下，东北部坑塘洼地较多，团泊洼水库核心区设有市级鸟类自然保护区。县内有南运河、子牙河、大清河、马厂减河、独流减河、子牙新河6条一级河道及2条二级河道，均属海河水系。该区属暖温带半湿润大陆型季风气候，四季分明，年均气温12℃，无霜期220天左右，年均日照2700小时，年均降水量574毫米，其中夏季占73%。地表沉积物以黏土、亚黏土为主，地下水埋深在1.5米左右，土壤有明显的盐渍化现象。土地以典型潮土为主。区内生物资源较丰富，有鱼28个品种、鸟164个品种，其中有国家保护的一、二类鸟11个品种。主要树种有杨树、柳树、榆树、槐树等，主要农作物有玉米、小麦、高粱、谷子、棉花、豆类等。

截至2006年，静海县实现生产总值100亿元，人均生产总值达19063元。工业完成增加值57亿元，对全县经济增长贡献率为79.2%，工业以钢铁、有色金属、食品、纺织等为主。2006年全县实现农业增加值12.7亿元，完成农业总产值26.6亿元。全县耕地面积6.92万公顷，粮食作物播种面积5.17万公顷，粮食总产量26.6万吨。2006年末全县共有农业龙头企业110家，带动农户946家，占全部农户比例为7.1%；实有种植小区10个、养殖小区120个，农产品销售收入2.93亿元。第一、二、三产业结构为13∶59∶28。2006年户籍人口52.88万人，其中城镇人口9.53万人，农业人口43.35万人，城市化率18%。

那么，静海是如何建立都市型现代农业的呢?

第一，他们明白了自己的优势条件。

静海县具有发展都市型现代农业的诸多条件，概括有五大优势。一是良好区位优势。静海县城距北京市120公里，距天津中心城区40公里，距天津国际机场43公里，距滨海新区65公里；区内交通发达，京沪、津沧、唐滓、丹拉支线、京浦高速铁路、104国道及数条市级公路贯穿全县。二是具备发展农业的自然条件和悠久的种植历史。全县河流及大、中型排灌渠密布，田间水网汇集，著名的大运河——南运河纵穿南北，农耕排灌条件良好，农业开发历史悠久，特别是运河两岸有着种植蔬菜和经济作物的传统，并已形成许多独具特色的传统品牌。三是近年来农业现代化进程加快。主要经济指标增长明显，畜牧业增加值占农业增加值的50%，以温室大棚和养殖小区为重点的设施农业取得重要进展，优质粮播种面积增加，农业抗御自然灾害的能力增强。四是依托大城市所形成的科技人才、资金、市场、信息等优势。天津城区有多所高等院校和农业科研机构，科技人才济济，资金雄厚，市场巨大，信息灵通。五是具备发展休闲娱乐、旅游观光、教育功能的现代农业基础。东部独流减河流域、团泊洼水库周边有开发观光农业、休闲渔业、田园采摘等系列旅游产品的条件。

第二，他们明白了发展的阻碍在哪里。

静海县在发展都市型现代农业时，分析了自身有五大制约因素。一是水资源严重匮乏，生态环境压力较大。资源性缺水与水质性缺水并存，水资源匮乏对经济增长的限制尤其突出。20世纪60年代以前，各河流水源丰沛，汛期常有大洪，自20世纪70年代初开始上游来水急剧减少，各河道均变为季节性河流，一年中大部分时间处于干涸、半干涸状态。农业生产对地下水依赖较大，部分区域地下水严重超采，并出现了局部地面下沉。二是环境污染较重，农业面源污染日见突出。全县水体污染严重，水生生态环境恶化趋势明显，各河流、水库以V类和劣V类水体为主；农业化肥施用量逐年增多且施用粗放，氮肥利用率较低并通过挥发、淋溶等途径扩散到大气和水环境中，造成农业环境污染和农产品安全隐患。三是农业基础设施仍较薄弱。农业资金总体投入不足，历史欠账较多，如水利设施老化、节水设施匮乏，农业灌溉用水浪费严重。四是农业产业化水平偏低。主要表现为大型龙头企业偏少，带动能力较弱，企业与农户之间没有形成紧密链接。五是农业的综合效益仍然较低，农业在区域经济中的份额呈逐年下降态势，农业生产总体科技含量不足，农民的综合素质有待提高。

第三，他们思路对头。

在了解自身的优势和局限之后，静海依据天津城市总体规划（2005—2020年）和天津市生态功能区划对静海县的功能定位，按照静海“生态立县、产业强县、文化兴县”的要求，运用可持续发展和循环经济的理论，制定了静海都市型现代农业发展的总体规划：发挥静海县的区位、资源等优势，推进农业发展方式的转变和产业结构的调整，通过城乡优势互补、工业反哺农业、城市带动乡村，全力推进社会主义新农村体系建设和城市化进程，依靠科技进步，坚持体制创新、机制创新，为城市提供高质量、高品位、高附加值、无污染、多样化的农产品，促进城乡融合、互动发展，实现农业经济由数量型向质量型、生产型向生态型、产品型向服务型转变，构建资源节约型和环境友好型的现代农业体系。

第四，他们定位准确。

要真正构建起具有可操作性的都市型现代农业的建设体系，必须对自身都市型现代农业建设进行准确的定位。静海县围绕社会主义新农村体系建设，以优质、安全、高产、高效、生态为目标，以农业增效、农民增收和提高农产品竞争力为中心，坚持都市型现代农业发展方向，全力推进农业产业化进程，调整优化农业结构，大力发展设施农业、生态农业、品牌农业、休闲农业，着力做好无公害生产、标准化生产和食品安全生产。在保证粮食生产的前提下，积极发展畜牧业、林果业、渔业、蔬菜生产。力求把静海建成优质粮产粮大县、无公害副食品生产基地和观光农业示范县。

第五，他们把握好了几个原则。

虽然各地的具体模式和实践过程不一样，但是有几个原则必须把握。

（1）生态优先，协调发展。

静海县充分考虑社会、经济、资源、环境的协调发展，统筹城乡发展，促进人与自然和谐，实现农业经济与环境效益共赢。

（2）因地制宜，突出特色。

静海县从实际出发，统筹兼顾，扬长避短，发挥区域历史、资源、环境、区位优势，突出地方特色。

（3）循序渐进，突出重点。

静海县通过都市型现代农业体系的构建，选择重点领域和主要任务作为突破口，重在落实，分步实施。

（4）科学可行，便于操作。

静海县将构建都市型现代农业体系与国民经济及社会发展规划相衔接，目标与措施工程化、项目化、时限化，以便于考核与实施。

第六，他们发展全面，重点突出。

对任何地区而言，发展都市型现代农业都必须从宏观和全局上去把握农业发展体系。制定都市型现代农业发展体系时，既要有全面细致的考虑，又要依据自身特点突出重点。静海县在构建都市型现代农业发展体系时，就将全面与重点相结合，提出了符合实际的建设体系。

（1）以优化农业结构为核心，促进良性循环的农业体系建设。

农业是农民富裕的基础产业。要依托区域优势，因地制宜，调整优化农业结构，拓展农业功能，促进农业的良性循环。

种植业发展要以提高农产品质量和效益为核心，大力发展优质、高产、高效农作物。稳定粮食生产，突出发展林果、优质粮、棚室西（甜）瓜、林地食用菌、设施蔬菜、花卉等种植业，推进种植业进一步向优势产业集中，提高专业化、集约化、基地化、产业化水平，形成布局合理、结构优化、质量较高、经济效益较好的种植业新格局。实行严格的耕地保护制度，改善土壤条件，不断提高耕地质量，建设稳定的粮食基地，确保耕地面积和粮食总播种面积稳定在目标范围内。

因地制宜发展生态林业，推进植树造林主战场的转移，拓展林业发展新空间。以主要河流、高速公路、铁路沿线绿色通道为脉络，以片状林地、城镇周边绿化、乡村及企事业单位绿化为补充，营造农田防护林。发展林果产业，更新改造老果园，引进推广名特优新品种，在保护和发展特色金丝小枣等传统产品的同时，形成果树品种的多样化。

加快发展集约、产业化的畜牧业，使其成为吸纳农业劳动力和农民增收的途径，促进农产品转化增值。充分利用静海资源优势，面向都市，面向市场，加快发展生猪、奶牛生产，恢复发展蛋鸡生产，稳定发展肉鸡、肉羊、肉牛生产。

优化渔业结构。以团泊洼、杨成庄等水产养殖基地为依托，重点发展高效生态型水产养殖，发展技术和资金密集型工厂化养殖，发展休闲渔业。形成集发达的养殖业、新兴的休闲渔业、良好的生态环境于一体的产业体系。

（2）以节水节能为核心，发展资源节约型农业。

针对静海县资源贫乏、水资源匮乏以及地下水超采现状，要因地制宜发展设施农业，建设节水工程。推行节水新技术、新措施，加强地下水保护，划定禁采区和限采区。在有地表水的限采区严禁新打机井，在无地表水的限采区严格控制地下水用量，遏制地下水超采和地面沉降。具体为：在农业条件较好的南运河两岸蔬菜基地发展喷灌，在西台路两侧精细农业集中区发展滴灌，在京沪高速公路以西地表水匮乏区发展井灌，在地表水较丰富的运东大三角区发展地上水灌溉，在马厂减河以南地区发展混合灌溉，积极推广防渗渠道及暗管节水灌溉技术。至2010年完成防渗明渠200公里，铺设暗管1230公里，改造农用扬水站15座，桥闸涵39座，实现喷灌1600公顷、滴灌1267公顷。大幅度提高水资源利用率，农业灌溉水利用系数提高到0.7，节水灌溉面积占有效灌溉面积70%以上。

积极推进以日光节能温室和钢骨架大棚为主的设施农业建设。并在独流、良王庄、梁头、台头等9个农业基础条件较好的乡镇率先发展，重点建设王口林地食用菌，良王庄花卉，陈官屯蔬菜，子牙农业，台头西瓜，独流、良王庄温室蔬菜，静海镇、双塘冷棚蔬菜7个设施农业基地。至2010年设施农业种植面积达5333公顷，2015年达1万公顷。

（3）以农产品安全为核心，建立安全农业体系。

适应大都市对安全农产品的需求，降低农业资源消耗、控制农业面源污染，建立完善的农产品质量标准体系和质量监督检测体系，实施农业生产过程标准化和农产品质量标准化。提高绿色农产品比重，创建绿色品牌。通过基地认证、产品认证、质量检测等手段，实施农产品从种植环境—生产—加工—销售各环节的全程监督，严控农药、化肥的使用量，禁止高毒、高残留农药的使用，确保农产品的安全。

大力发展生态农业，建立健康安全农业体系。推进高产、优质、低耗、防污的生态农业示范园区建设，倡导农牧结合，培育有机农业，推广粮经作物轮作和间套作种植模式，推广无公害生产技术。实施“沃土工程”，增加施用有机肥，提高土壤肥力。实施畜牧养殖废弃物资源化、无害化处理技术，推广生物物种共生、用养结合的集约化经营方式，形成种、养、加、供、销一条龙的农业产业化模式，为都市提供安全的农产品。

（4）以产业化、品牌化经营为核心，提高农业产品市场竞争力。

按照“依托城市、服务城市”的理念，以产业化提升农业发展空间，积极扶持农产品加工型龙头企业，建立各类农业专业化服务机构，把发展农产品加工、现代流通与推动农业产业化经营结合起来，延长农业产业链。鼓励企业体制创新，与农户利益紧密相连；鼓励龙头企业、合作经济组织带动农民实施农产品连锁经营与配送；扶持发展大宗农产品加工合作社，使农户在农副产品加工、销售等环节获得更多收益；实施农业品牌战略，鼓励农产品商标注册，加强地理标志和原产地标志保护，提升竞争力，实现助农增收。依托地方优势，推广“一村一品”种植模式。

（5）大力发展观光休闲农业，促进农民增收。

发挥静海农业发达、水面较多、交通便捷的优势，大力发展休闲农业，开发旅游产品。以独流减河—团泊洼水库及生态旅游区为依托，以静海新城、团泊新城建设为重点，建设森林公园，避开生态敏感区，适度发展湿地生态旅游，在保护区边缘地带开发湿地旅游线路，合理设计旅游景点。结合农业观光休闲游，调动农民保护湿地的积极性。积极开发旅游观光农业、休闲渔业，吸引都市客源。开发湖边垂钓、田园采摘、花卉观赏、林地纳凉等系列旅游产品，培育一批特色鲜明的观光村，打造集旅游、观光、休闲、娱乐为一体的生态型新兴产业。

（6）优化农业发展布局，建设六大特色经济区。

调整优化农业发展布局。按照“东渔牧、西林果、中蔬菜、南枣北花”的总体发展框架，重点建设以南运河为轴心的1万公顷蔬菜经济区，以京福公路和迎丰渠中部为主体的2.5万公顷枣树园经济区，以津沪铁路和独流减河中部为主体的0.27万公顷花卉经济区，以子牙河和茁头排干中部为主体的0.2万公顷瓜类经济区，以迎丰渠和独流减河中部为主体的1.47万公顷水产养殖经济区，以津涞公路为轴线的1.9l万公顷生态丰产林区等六大特色经济区域。积极探索土地流转模式，扩大集约化经营范围，充分发挥地域优势和传统种植优势，做大做强农业产业园区，形成资源节约、布局科学、结构合理、效益显著的产业格局。

（7）强化科技支撑力度，促进农业科技成果转化。

充分发挥大都市高等院校和农业科研院所的作用，加强与农科院、农学院、科技大学等院校的技术交流与合作，大力推进农科教结合、产学研协作，改造和提升传统农业。强化农业科技成果转化与推广，加大农业科技重大项目的实施力度，鼓励农业科技人员深入生产第一线，推广新产品、新技术，推动农业产品更新换代。重点推广设施农业技术、重大病虫害防治技术、农产品检测技术、农业信息技术等，引进新品种。积极实施基层农业技术推广体系改革，培养有文化、懂技术、会经营的新型农民，加强农村劳动力职业技能培训。

由此，静海县通过上述几方面的措施，建立起了具有可行性的静海都市型现代农业体系。而任何一个地方要建立起符合自身发展的都市型农业发展体系，其宏观规划也都在上述内容之中。

第四节　都市型现代农业发展的基本思路

都市型现代农业发展的特定条件在各区域都是不一样的，不能用统一的方式去管理，要因地制宜，根据不同的特点与要求去管理。总的来说要遵循以下三条思路。

一、部门经济向产业经济转变——管理方式的转变

都市农业不仅是都市的物质生产部门之一，它还生产非物质产品，是一个产业体系。在新阶段，应该将农业作

为一个现代产业体系来管理，要在市场需求拉动下，推进农业产业合乎市场规律的分化，各环节的专业化、社会化、一体化三者相辅相成，共同促进实现农业产业化，使其转变成一个现代产业，即由市场价值规律、竞争规律、分工与协作规律等决定的农业产业化，各环节之间内部比例关系协调的产业。政府要改变计划经济条件下部门经济的管理方法，为市场经济条件下的产业经济管理方式建立一个集中、高效、协调的都市农业管理体制。协调产前、产中、产后各环节，使农业生产环节适应加工、营销环节的需要，加工、营销及科研、服务等适应农业生产的特殊性，要求推动农业的专业化、社会化，将农业由单纯的物质生产部门管理转向灵活多样的产业部门管理，协调农业提供物质产品与非物质产品多样化功能的发展，在城市大力发展农业产业链上的各种产业，如观光农业、医用农业、能源农业以及加工农业等。

二、传统农业向现代农业转变——生产方式的转变

我国从20世纪60年代末开始从传统农业向现代农业转变，实用科技与工业化成果开始大量投入农业，使粮食的单产、总产以及其他农产品的供给都有了大幅度的提高。我国以占全球8%的耕地养活了占全球22%的人口，但是我国农业距发达国家的现代农业还有很大差距，在生产力水平与经营手段等方面都还处在工业化初中期。在当前，我国很多地区的农业还处在精耕细作，主要依靠手工劳动与农业自身的投入，农业经营规模小，产品商品率低，专业化程度低，还远未过渡到现代企业化、规模化与现代工

业技术相结合的农业生产方式，而这种转化是都市农业必然要达到和完成的。

三、常规现代农业向可持续现代农业转变——增长方式的转变

我国在推动都市农业现代化的进程时，必须使农业的现代化增长方式，由常规的农业转变到可持续性农业上来，选择可持续增长的战略，推进安全、优质、生态保护型的农产品生产，使一项农业活动发挥多种功能。遵循这种思路，促进农业生产方式、增长方式和管理方式的转变，以产业化、现代化和可持续性为目标，实现都市农业的综合、全面、永续、协调发展。

那么，具体来说应如何实现以上三种转变呢？我们来看一下天津市张家窝镇是如何实现从传统农业向都市型现代农业转变的。

张家窝镇拥有土地两万亩，前些年一直以种植玉米、小麦等粮食作物为主，效益低下，农民没有从业的积极性，产出的粮食仅作自给自足的“口粮”。虽然该镇工业比较发达，但是党政领导并没有忽视农业的基础地位，他们不断为日渐萎缩的传统农业苦苦寻找出路。

1. 认清形势，找准定位，向都市型农业转型（管理方式的转变）

都市型农业，是近几年来在我国内地渐露头角的农业类型，是大城市近郊区利用田园景观、自然生态及环境资源，结合农林牧副渔生产、农业经营活动、农村文化及农家生活，为人们休闲旅游、体验农业、了解农村提供场所，将农业的生产、生活、生态等功能结合于一体来经营服务城市的产业。它不同于传统农业只满足于人们“胃”的需求的特点，而是同时满足人们“肺”“眼”“脑”的需求的休闲农业。

张家窝镇党政领导，敏锐地意识到了发展都市型现代农业的巨大商机，在认真分析本镇农业存在的问题和具备的优势的基础上，进一步明确了农业的发展方向：依托天津市区的辐射带动，围绕需求，立足实际，突出特色，以农业资源开发保护为基础，以产业结构调整为主线，以农业增效、农民增收为目的，大力发展都市型农业。

张家窝镇选择冬枣作为向都市农业转化的突破口。他们意识到，一方面该镇已有几百年的种枣历史，农民已掌握枣树的管理技术；另一方面，该镇的土壤和气候条件适合冬枣生长。另外，冬枣味道鲜美，口感极佳，是消费者的滋补佳品，能够吸引游客采摘，提高农民收入。

认准了的项目，就横下一条心，一以贯之地去推动、去实施。早在2001年，张家窝镇就确定了发展万亩冬枣的宏伟目标，进行了广泛深入的思想动员，并多次组织村干部和农民代表走出去参观、考察和学习。农民开阔了眼界，也使这个重大的农业调整项目得到了广泛的群众支持。

2. 发展都市农业，靠政策、靠投入、靠科技（生产方式的转变）

该镇发展冬枣产业走的是政府主导和农民自愿相结合的方法。政府主导就是政府提供充足的资金和制定优惠的政策。几年来，镇政府筹集和利用3000多万元资金，为农民无偿提供冬枣苗木，发放退粮种枣补贴，建立现代农业示范园和优质果品示范园；加大了冬枣产业林带的基础设施投入，建设了3000平方米2000多吨果品保鲜冷库，免除农民销售的后顾之忧。该镇成立了冬枣技术服务组织，实行技术人员包村、包户责任制。把实用技术培训和生产技术指导，落实到每家每户、田间地头。

经过几年的艰苦努力，张家窝镇的冬枣种植面积已经发展到8000亩。在2007年，冬枣坐果面积就达到5000亩，年产量2000多吨，按照每亩5000元的纯收入计算，每年可实现效益2500万元，比过去种植粮食收益高10～15倍。

3. 认准目标，多方探索，倾力打造都市型农业（增长方式的转变）

冬枣种植的成功，给了张家窝镇干部群众极大的鼓舞，激起了他们发展都市型农业的更大热情。

发展现代都市农业的过程，不仅是改造传统农业的过程，同时也是改造农民的过程。如今的张家窝镇农民已经不再是那种“面朝黄土背朝天”的传统形象了，他们见识广泛，视野开阔，思维超前，赚钱的点子是越来越多了。2007年，张家窝举办了首届冬枣节，一个月的时间，吸引大批游客前来，欣赏一望无际的绿色生态风光，采摘鲜美甘甜的果实，品尝农家的可口菜肴。都市人得到的是精神上的愉悦，农民得到的是物质上的满足。对于张家窝人来说，发展都市型农业，既是昨天实践的成果，又是今天实践的起点，更是明天发展的方向。今后，他们将进一步打破农、林、牧、副、渔的思维定式，要向观赏农业、生态农业方面发展，要向企业化、工厂化农业延伸。目前，全镇上下正在全力进行基础设施建设，为全面向着都市型农业进军做充分的准备。他们将进一步加大全镇绿化、美化、生态环境建设，让“绿”更纯，让花更美；积极与大专院校合作，培养技术人才，增强技术创新能力，把农业与第二、第三产业相结合，延长农产品的产业链；启动2000亩高档花卉产业园区，引导示范区建设，并引进种苗进行培育。

第五节　培养都市型现代农业人才

由传统农业向都市型现代农业的转变，必然需要与之相适应的都市型现代农业人才，而这一点，也是目前制约我国都市型现代农业发展的主要瓶颈之一。如何才能培养起高素质的新型农民，以推动当地都市型现代农业的建设与发展呢？应该说，这是一个全社会发展和教育的大问题，对于基层而言，可以从以下两个方面入手，进行基础性人才需求准备。

1．传统农民向职业农民的转化

在我国，由于户籍制度等原因，农村和城市的界限比较明显，农民长期被固定在农村的环境之中。随着改革的不断深化，这一界限在逐步发生着变化。以上海市为例，2001年开始，上海新出生婴儿直接被登记为城镇居民，“农民”一词将不再是一个“世袭”称谓，转而变成一个

"职业"称谓。

近年来，在长三角地区出现了日益壮大的"职业农民"群体，把务农作为一种职业，他们充分地进入市场，将农业作为产业，利用一切可能，在法律法规允许的范围内实现利益最大化。这些职业农民掌握先进的技术和管理经验，有较强的市场经营能力，善于学习，适应都市型现代农业的发展。而近年来出现的上海本地市民逐步在郊区投资农业，创办农场的现象，也让都市型现代农业的人才需求有了另一个途径予以获得。

2．推进传统农民向现代新型农民的转变，实现农民市民化

虽然上海目前农民的"世袭"状况已不再延续下去，但是从总体情况来看，由于收入、教育、卫生等各因素的制约，目前传统农民的状况仍然是制约现代农业发展的重要原因。因此，上海在加速城镇化的发展同时，也特别注重农民收入的增长、素质的提高，真正实现传统农民向现代农民的转变，实现农民市民化。

第六节　建设都市型现代农业

随着生产力水平的提高，都市对农业的需求呈多样化趋势，推动着都市农业内涵的加深和外延的拓展，呈现出多种形态。都市农业在各国的发展表现出不同的特征，功能发挥的着重点也不同。因此在进行都市型现代农业建设时，我们必须对以下几个问题有所思考。

一、认清都市型现代农业的新形态

现代都市农业采用现代化的生产与经营方式，改变了传统乡村农业以大田作业为主的单一形态，呈现出多样化趋势。既有保留传统技术生产与经营方式生产的传统形态，也有与城市现代化生产要素相结合的现代工厂化形态；既有外部经济效果为负的形态，也有与自然资源相融合的资源节约再生型、外部经济效果为正的形态。因此，必须对都市型现代农业的新形态有所认识和思考。

1. 城市生态农业

据联合国开发计划署在哥伦比亚等16个拉美国家投入15.4万美元推行房顶种菜计划的试验表明，这种方式的都市农业产品成本低，只有市场价格的30%，收获量是传统种植方法的20倍，家庭既增加了收入，又吃到了无污染的绿色产品。日本、法国也研制了多种供室内和房顶栽培作物的技术，正逐步形成产业，满足都市人对产品安全性以及回归自然体验农业的需求。

2. 山水园林城市

山水园林城市或称花园城市、生态城市、柔性城市，20世纪美国著名城市学家路易斯·芒福德提出：城市与乡村不能截然分开，城市与乡村同等重要，城市与乡村应该有机地结合在一起，如果问城市和乡村哪个重要的话，应当说自然环境比人工环境更重要。新加坡于20世纪60年代中期制订了花园城市计划，如今从高空俯看，到处是郁郁葱葱的植被，建筑物都掩隐在一片绿色之中。

3. 可持续农业

可持续农业在台湾地区被称为永续农业。20世纪80年代以来，农业可持续发展已成为许多发达国家或地区共同追求的目标，这也是都市区域面临的迫切需要。因为都市的可持续，首先就是依赖于农业的可持续，农业生产力的持续会生成新的农业自然资源，也不会对环境造成不可再生的破坏，会产生正效应带来城市的可持续。

4. 绿色食品产业

世界各国在实施可持续发展战略的基础上，采取的首要行动就是改变常规食物生产方式，不仅关注食物的生产效率与效益，更关注其对资源环境、消费者的影响，正在大力发展绿色食品产业。

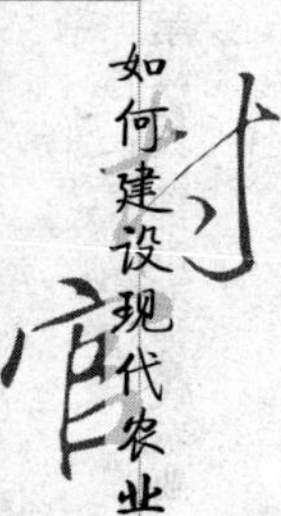

5. 观光农业

观光农业又称生态旅游农业或休闲农业，这是一种新型的农业生产经营形态，它是在发展农业产品生产的基础上，有机地附加了生态旅游观光功能的交叉性产业。如日本的市场农园、农业公园、学童农园、老人农园，意大利的农业旅游，我国台湾的观光果园、休闲农场，美国的自采式作业、地头销售等。

6. 插花型农业

插花型农业又叫点缀农业或袖珍农业，最典型的插花型农业形态是日本东京、大阪等地的都市里的村庄。由于城市无序扩展，在原来旧城区四周的新城区之间保留下来大块农田，农业用地狭窄细小，耕地十分零碎，常呈格子田形状。据有关统计，东京经营规模超过5平方公里的农户仅167户，经营面积为1514平方公里，约占全国总面积的18.2%。此外，我们也可以把家庭园地、阳台花园、公共绿地、防护林、家庭养殖、道路旁的零星种植等视为插花型农业的形式。

都市农业在发展中还出现了庄园农业、商标农业、加工农业、创汇农业、立体农业等多种形态。

二、学会都市型现代农业的新技术

与工业化、现代化的要求相适应，都市农业的发展不再囿于传统的技术，而是充分运用工业化的成果，并与可持续理念相融合，产生了多种形式的都市农业特色的新技术。

1．清洁生产

这是农业一种新的生产方式，是指在生产过程中，持续运用整体预防的环境战略，以期减少对人类和环境的风险，其内涵是清洁的投入（原料设备能源），生产过程（工艺、技术、管理）清洁的产出。产品排放环境追求两个目标：通过资源的综合利用、短缺资源的代用、可再生资源的利用、二次能源的利用及节能降耗措施，延缓资源能源的枯竭，以有利于可持续发展；减少污染的生成和排放，提高产品在生产过程和消费过程中与环境的相容程度，降低整个生产活动给人类和环境带来的风险。

2．设施农业

设施农业又称工厂化农业或农业车间，它是集成现代生物技术农业、工程农用新材料、现代化管理等学科，以先进设施为依托，在农业活动的各个环节、领域，广泛运用现代科学技术，提高产品的科技含量和附加值，减少农业活动对自然环境及土地的依赖性，提高土地产出率和劳动生产率的现代农业形态。

3. 精确（准）农业

它是指把现代信息、自动控制等技术运用到农业生产过程，精确科学地确定施肥、喷药量，以控制农业生产的成本与产量。如美国运用全球卫星定位系统、地理信息系统和电脑对化肥农药做精确喷施，计算机可自动判定某个地点应喷多少配合肥料和农药，控制量可达到几株作物，这种能够降低成本、节约资源，减少过量投入对环境污染破坏的生产方式也叫处方农业。

4. 生物农业

它是指定向、有目的地进行农业生物遗传改良和创新的一门高新技术，包括基因技术、细胞技术、酶技术和发酵技术等。应用这一技术可以不断为农业生产提供新品种、新方法、新资源，能极大地改善制约农业生产的自然条件，便于进行工厂化生产，如各发达国家的动、植物工厂，可以利用环境控制和自动化高技术进行动植物全年生产。

三、了解都市型现代农业的新特征

现代都市农业是在城市与乡村、农业与工业相融合的过程中发展起来的，在这一融合发展过程中，农业资源开发利用程度加深，其内涵和外延充分扩展。由于发展水平与方向不同，其形态和功能多种多样，特别是在发展中都市农业不断改变着功能和目标，但总的来说，都市农业在发展过程中具有一些共同的基本特征，昭示着都市农业未来的发展方向。

1．都市农业的融合性

融合性是现代都市农业最本质的特征，其融合性表现在地域、产业、发展观念三方面的融合。一是都市农业是城乡边界模糊地区的农业，二是第一产业向第二、三产业的渗透，三是把现代工业化技术与传统发展理念相融合。

2．都市农业的市场性

一项产业没有经济效益便没有生命力，都市农业主要是为市场而进行的活动，其产品和一切活动的进行也离不开市场化和产业化。

3．都市农业目标的可持续性

现代都市农业，在技术上从城郊农业的片面追求高产技术走向高新技术与传统技术相结合，避免工业化技术使农业走上石油农业之路，给产品和环境造成污染，追求经济与环境的可持续性。

4．都市农业形态和功能的多样性

都市农业的形态多种多样，充分展示了城市对都市农业的需求多样性，以及都市农业功能的多样性。

5．都市农业知识的密集性

都市农业，实质上是农业和工业进一步结合过程中的发达形态的农业，是知识密集型的产业。

6．都市农业的集约性

由于都市土地的区位特点，都市农业经济活动往往呈现集约性的特征，不仅单位土地投入较多，而且土地利用率高，可采用多种生产方式以节约土地。

7．都市农业的辐射性

都市物质和信息高速流动，对农业生产活动具有极强的辐射示范作用，而都市农业的发展经验，也向乡村区域辐射。

8．都市农业发展的不平衡性及经营主体的多元性

传统乡村农业从业人员以农业为主业，而都市农业从业人员虽有专门从业者，但多为兼业者，甚至不以农业为业，只是作为休闲消费的活动。由于经营主体不同及收入来源不一，都市区域的农业发展水平也是不同的。

9．都市农业的多维立体性

都市农业的空间可以在市中心郊区及所辖地区，其发展的领域既可以有产中项目，也可以延伸到产前、产后项目，产中、产前、产后是一体的，具有立体化的特征。

四、区分都市型现代农业的新类型

现代都市农业已在朝多个方向全面发展，根据都市农业的形态和特征，按照其产品的性质，目前可以将都市农

业分为以下三大类。

1．体验型都市农业

这是指由都市居民直接租赁或在自有土地上、家庭中耕种，城市郊区农地饲养动物，从事养殖和环境绿化等，其目的是为体验农业活动而非营利。

2．服务型都市农业

这是指利用农业的自然属性来满足都市体验、休闲度假、观光、气候调节等需要的农业经营活动，以及为农业生产活动提供产前、产后服务的部分产业。

3．产品型都市农业

指直接提供给人们衣食享受所需的物质产品的农业活动，又分为自给性与商品性两种的农业活动。

五、运用都市型现代农业的新功能

现代都市农业主要具有两大功能：产业功能和社会公益功能。

1．产业功能

城市化、市场化的发展，要求都市农业不能附庸于城市经济，必须独立发展，获得生存发展的自我输血机制，具有竞争力。包括产品功能、收入功能、吸纳资金功能、协调系统均衡等。

2．社会公益功能

都市农业作为生态社会子系统的一个有机组成部分，其经济正外部性在维护都市系统生态平衡、满足社会交往、传承传统文明、促进社会进步等方面发挥着重要功能。包括生态功能、社会功能、公益功能等。

六、掌握都市型现代农业的新经济结构

都市农业经济结构可用都市农业的产值结构、产品结构、品质结构、技术结构、劳动力结构、种植养殖业面积结构等指标体系来衡量，各城市由于面临的问题及发展观、效率标准的不同，其都市农业经济结构规划也是不一样的。其具有的一般共同趋势包括：劳动力及收入结构、产品结构、空间结构。

七、懂得评价都市型现代农业经济效果的新方法

计算都市农业的经济效果时，要综合计算农业的总投入和总产出，有一个计算公式：

都市农业经济效果＝都市农业总产出－都市农业总成本＝（都市农业产品的直接经济价值＋正外部经济效果）－（都市农业的直接投入＋负外部经济效果）

八、掌控都市型现代农业的发展方向

随着社会的发展，都市农业份额在整个农业中所占比重将会越来越大。总的来说，现代都市生态环境恶化，都市居民消费需求的多元化，以及现代科技与新的经营管理模式的迅猛发展，是都市农业兴起的重要原因与动力。作为一项产业没有经济效益就无法生存，都市农业首先要使自身能够在都市中生存下来，由于都市农业土地与劳动力相对于乡村的稀缺性，因此，都市农业要提高其土地和劳动力的生产力水平；又由于都市区域人口密集、空间狭

窄，都市农业的负外部性带来的不经济效果，相对于比在乡村更为严重，而其正外部性带来的经济效果也将更为显著。因此，都市农业将朝提高土地与劳动生产率，并且不断扩大其正外部性，降低其负外部性发展的集约化、规模化、可持续性方向发展。都市农业将进一步发挥农业的各项功能，拓展农业外延，促进产业融合和产业一体化，满足都市发展对安全生态休闲等产品的需求，走向人与自然及都市的和谐统一，使都市农业迈向新的可持续阶段。

第三章　生态农业

第一节　生态农业的特征

对于生态农业的认识，在经历了长时间的实践探索和理论总结之后，目前有了比较统一的认识，简单地说，生态农业就是按照生态学原理来规划、组织和进行农业生产。它必须合乎下列这样一些最基本的生态学要求。

一是生产结构的确定，产品布局的安排等都必须切实做到因地制宜，和当地的环境条件相匹配。

二是对自然资源的利用不能超过资源的可更新能力。

三是在能量和物质的利用上，要做到有取有补，维护生态平衡。

四是在利用可更新自然资源的同时，要注意培育和增殖自然资源，使整个生产的发展，走向良性循环。

比如，浙江省杭州浮山村，该村地处杭州市西南城乡结合部，其养殖场养鸡、养猪、养鱼兼营种植业，年饲养蛋鸡3万只，肉鸡15万只，商品猪8000头，每年排放畜禽粪便15吨，冲洗污水70吨。为了治理污染，浮山村养殖场于1998年建成200立方米沼气工程，处理鸡粪污水；又建成500立方米沼气工程，处理猪粪污水。所产沼气，用作村民的燃料和炒制龙井茶叶、加工西湖莼菜、孵化小鸡和鸡舍增温等生产能源。沼液用于养鱼、养猪和用作水稻、茶叶、蔬菜的有机肥料；沼渣加工成再生饲料和颗粒有机肥料。目前，浮山村已形成一个以种植、养殖业为主体，加工销售相配套，贸、工、农一体化，生产、加工、销售一条龙的综合性集团。依靠科技进步，对畜禽粪便采取资源化开发和多层次的利用，配套建的日产700立方米的沼气工程，生产的沼气用作村民生活用燃气和企业生产用能，改善了生态环境，保障和促进了养殖业的发展。

通过对畜禽粪便的资源化开发和多层次利用，既制取了优质气体燃料，又开发了再生饲料和优质有机肥料；同时，治理了污染、净化了环境，从而建立起以沼气工程为纽带的生态农业良性循环。

第二节　国内外生态农业发展现状

我国虽然生态农业发展起步较晚，但在短短的二十多年时间内，取得了非常快的发展和成功模式。而发达国家在更长时间的实践过程中，所取得的成功经验，更是我们今后发展生态农业的宝贵财富。

一、国外生态农业发展现状

1．以色列生态农业——沙漠中的奇迹

以色列是世界淡水资源极为缺乏的国家之一，严重缺水是农业面临的难题，因此其节水意识尤为强烈。早在20

世纪60年代，以色列就发明了滴水灌溉技术，并不断革新和优化。现在，不论是城市花木草地，还是农村果园菜田，几乎全部用塑钢管进行滴灌。新型的灌溉系统采用计算机技术，根据土壤的吸水能力、作物的生长阶段和特性、气候的变化等，对水果、蔬菜、花草等进行滴灌、喷灌和磁化水灌溉，较好地控制了用水量，有效地节约了40%的灌溉用水，在农业用水逐年减少的情况下，农产品的产量和销售额却大幅度上升。除满足国内需要外，农产品每年还可从国外换回十多亿美元的外汇。以色列农业的另一项技术是利用地膜覆盖，建立塑料大棚，大面积推广沙漠温室，使得农作物反季种植，产量高、类型多、创收丰。温室材料不断更新，现在建设一座钢化玻璃温室造价可达上百万美元，建成后完全是一个由计算机控制，吹风机、冷热器、助光灯和滴水管配套服务的生产工厂。以色列农业的发展得益于教育和科技，整个民族的文化素质很高。农民中有不少博士、硕士，很多科研活动在基层进行，能迅速地接受和使用新技术来提高生产率。由于新技术的使用，农作物产量比过去提高3~7倍，农业生产取得了突飞猛进的发展。科学技术转化为生产力是以色列农业蓬勃发展的重要原因。

坚持走生态农业之路。20世纪60年代中期，以色列发明滴灌后，农业革命找到了突破口，通过政策倾斜和市场导向，政府优先开发沙漠地区。沙漠改造突飞猛进，因地制宜的实现沙漠绿化，通过植树种草，引入或发掘水源，养殖新的动、植物品种等手段，沙漠地区的环境、气候、生态得到极大改善。当年许多荒无人烟的沙漠区如今已是森林、果园、温室和农田。以色列可耕地面积由立国之初的10万公顷增加到2004年的44万公顷，灌溉面积由3万公顷扩增到26万公顷。以色列还把发展无土农业作为发展农业的重要一环，无土生产方式既无污染，又节约土地资源，具有可持续性。以色列在发展农业中处处注意维护生态平衡，维护生物链的自然连接，注重保护环境，走可持续发展之路。以色列是世界上生产普通化学品最多的国家，但考虑到环境保护问题，以色列科学家集中力量研制出各种生物杀虫剂，培育既能消灭害虫又不对作物本身造成损害的天敌。20世纪80年代后期，以色列在农业害虫天敌利用的实用化技术方面取得很大成功，如科列马·阿布拉小蜂对棉蚜和桃蚜有良好防治效果，豌豆潜叶蝇和姬小蜂主要是用来防治温室蔬菜和花卉等作物，潜叶蝇，姬小蜂主要用于防治柑橘和葡萄上的介壳虫。以色列还培育出一种小蜘蛛，专门吃毁坏草莓的小虫子。此外，以色列科学使用农药、化肥，改善土质、土层结构，并且通过“三污”回收与治理等措施，改善空气、环境和海水的质量。

2．德国生态农业

欧盟发达国家生态农业发展是比较领先的，而德国是其中发展最为典型的代表之一。

（1）德国生态农业的特点。不使用化学合成杀虫剂、除草剂，而使用有益天敌或机械除草方法；不使用易溶化学肥料，而使用有机肥或长效肥；利用腐殖质保持土壤肥力；采用轮作或间作等种植方式；不使用化学合成的植物生长调节剂；控制牧场载畜量；动物饲养采用天然饲料，不使用抗生素和转基因技术。

（2）生态农业的控制。欧盟于1991年6月21日颁发《关于生态农业及相应农产品生产的规定》（以下简称《生态规定》），该规定明确指出，作为生态产品的生产必须符合国际生态农业协会（FOAM）的标准，如产品如何生产，哪些物质允许使用，哪些物质不可使用等。在生产过程中，生态产品所采用的原料必须是生态的。所采用的附加料，如在生产过程中必须使用，则允许部分附加料来自传统农产品，但不得高于25%。一旦使用传统农业附加料，就应在产品中标明使用比例。只有95%以上的附加料来自生态的，才可作为纯生态产品出售。德国生态农业协会（AGOEL）的标准高于欧盟的《生态规定》，如某企业欲加入AGOEL，将其产品作为生态产品销售，必须经过三年的完全调整方可，并由国家授权的检测中心对申请转入生态农业生产的企业进行检查，每年至少一次。此外，也可不定期进行抽查，如检查不合格，则要延长调整期。

（3）生态印章。所有符合欧盟《生态规定》的产品，允许标以生态标志。由于产品类型不同，市场上出现许多不同的生态标志，仅德国就有100多个。统一的生态印章不仅提高德国生态食品的信任度和透明度，给消费者带来巨大的便利，也为经营者提供了巨大的发展机遇。

（4）生态企业的收益。1999—2000年度对150家生态企业的收益状况调查表明，由于生态企业不使用化肥和农药，产品产量有所下降，但生态产品价格远高于传统农业产品，故企业总利润及人均收入，仍高于传统农业企业。生态农业不使用化肥和农药，土壤一直施用有机肥，并且采用轮作、间作种植方式，不仅提高土壤肥力，而且从长远利益看，生态农业产品产量会逐渐高于传统农业。

二、我国生态农业发展现状

我国生态农业现在还处于起步阶段，各地发展还不平衡，现就江苏东海县、山东淄博市的发展情况作一简要介绍。

1. 江苏省东海县“猪—沼—果（菜）”生态农业

江苏省东海县大力发展农村沼气，推广了多项新技术，改善了农村的生活环境，提高了生活质量，经济效益和生态效益十分明显。2008年，已发展沼气池6000多座。

（1）经济效益

沼气用作日常炊事，每年可实际利用沼气50.1万立方米，解决全县农村90%左右的生活用能，每个农户每年可节约煤炭2吨左右，节省燃料费460多元。与液化石油气相比，每年能节省燃料费用600元左右。沼气用作照明，年可节约电费150多元。沼气池带动了养殖业的发展，每户养猪4头以上，一年出栏2次，共出栏8头，每头纯收入按100元计算，仅养猪一项年可增收800元。沼肥能改良土壤，提高土壤有机质含量，年可节约肥料费300多元。沼渣用作饲料，喂养鸡、鱼、猪等，年可节约饲料费300多元。沼液用于浸种，能提高幼苗抗病、抗虫、抗逆能力，增产5%～15%；用于叶面施肥，可杀灭病虫害，增产5%～15%，年可节约农药费100多元。综合计算，一座8立方米沼气池一年经济效益可达2250元以上。如开展“猪—沼—果（菜）”等综合利用技术，又将成为发展庭院经济、发展生态农业、增加农民收入的重要手段，效益更为可观。

比如，东海县洪庄镇薛团村，有500多户人家2200人，是远近闻名的林果和蔬菜之乡。过去，烂菜烂果及畜禽粪便污水排放，污染了环境，影响了村容村貌。现在，该村建起了户用沼气300多座，所有的粪便及垃圾全部进了沼气池，村容村貌大为改观，农民用上了清洁的沼气，沼液沼渣成为优质高效的生态肥。村民实施了“猪—沼—果（菜）”生态农业模式，大棚蔬菜、水果用上无公害有机肥，取得了明显的经济效益。他们将沼气用于温室大棚，燃烧过程提高棚内温度，供应二氧化碳气肥，促进农作物增产。试验表明，沼气温室可使黄瓜增产36%～69%，菜豆增产67%～82%，西红柿增产92%。沼液浸种使粮食每亩增产5%～10%，养鱼每公顷水面增产约400公斤。将沼气用于贮粮，不但减少了化学农药的使用和粮食损失，还消除了粮食贮存中的污染。将沼气用于水果保鲜，保持了水果的品质，延长了供应时间，提高了经济价值。沼液作果树、农作物的喷肥，增强了抗病性和防冻能力；沼渣用于施肥、栽培食用菌，提高了土壤肥力，增加了无公害蔬菜产量。如果把沼气建设与优果工程或无公害大棚蔬菜等高产值作物生产结合起来，带来的效益会更大。

“四位一体”模式。将大棚、禽畜舍、沼气池和厕所等优化组合，形成太阳能、沼气、种植、养殖业四位一体，使之优势互补，多业结合，形成较为完整的农村能源生态系统工程。与普通大棚相比较，冬季黄瓜、番茄和茄子等每平方米可增产25公斤，而且都是无污染的优质产品，生猪在冬季仍可增重出栏。又由于自产能源和肥料，大大节省支出，其纯收入远超过常规农业生产，亩增收5000～10000元。

（2）生态效益

改善农村卫生环境。蝇、蛆、蛹密度显著下降，苍蝇的密度下降了60%。减少寄生虫对土壤的污染，建池户菜地、居民院内土壤钩蛹虫的污染减少60%～84%，蛔虫卵的污染减少50%～76%。应用沼气厌氧消化技术处理人畜粪便，能有效地杀灭粪便中的病原菌和病毒，切断肠道传染病的传播途径。

在生物质直接燃烧的烟雾中，含有一氧化碳、二氧化硫、二氧化硫等有毒气体和致癌物质。使用沼气，室内一氧化碳的浓度比燃煤降低80%，二氧化碳浓度降低60%，二氧化硫降低80%，飘尘浓度降低90%，有效减少室内空气污染，减少有害气体排放。

通过厌氧发酵使污水中的各种污染物的浓度得到有效控制，保护了水源，降低了污染，改善了水环境质量。大幅度降低饮用水源的细菌总数、大肠杆菌、氨氮等各项指标。沼气发酵残留物对23种农作物病害、24种虫害具有良好的防治作用，其防治效果与许多目前使用的农药相当。

一座8立方米的沼气池，一年生产的沼肥，相当于50公斤硫酸铵，40公斤过磷酸钙和15公斤氯化钾。沼液是理想的有机液肥，叶面喷施防治病虫害，对农作物的增长具有良好的效果。

农村一户兴建一座8立方米的沼气池，每年至少节柴2吨，相当于4亩薪炭林的年生长量，因此兴建沼气池能有效地保护森林资源和防止水土流失。兴建沼气池使农村庭院、居室、厨房、厕所、猪圈等由脏变净，同时也改变了过去使用化肥农药对农作物的污染。

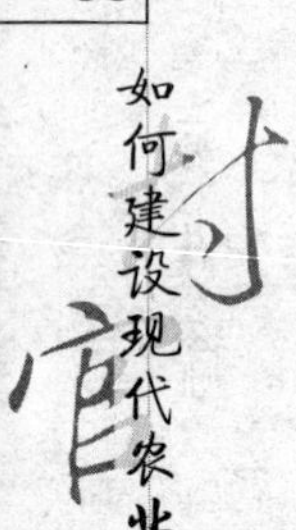

2．山东淄博朱台镇西单村现代生态农业示范园区

朱台镇西单村现代生态农业示范园区，是一个以新能源生态模式为主，兼有立体农业生态模式、清洁栽培模式和观光生态模式，集农业高新技术引进、开发、生产、加工、出口、观光旅游为一体的现代农业发展模式。该模式是在原西单生态农业专业村的基础上，抓住“国家农业综合开发引领支农资金统筹支持新农村建设示范区项目”的有利时机，逐步摸索发展起来的。新农村建设示范区项目以朱台镇西单村为中心，涉及周边15个行政村，土地2.65万亩，项目2007年启动，2009年完成，总投资2.57亿元，其中国家投资2000万元，省市区财政及乡镇配套整合资金3700多万元，引进社会资金8000万元，农民自筹投入资金1.2亿元。按照新农村建设“生产发展、生活宽裕、乡风文明、村容整洁、管理民主”的二十字方针，围绕壮大新产业、扮亮新家园、培育新农民、扶持新组织、建设新环境“五新”目标全方位实施。园区现已发展成集科研、生

产、商贸、旅游、教育等多项功能为一体的生态农业示范园区，成为目前当地较具潜力的农业示范园区之一。

朱台镇西单村现代生态农业示范园区在策划理念上注入了示范、培训、商贸、旅游的概念，即达到“一区多园、一园多用”的目的。笔者认为，只有差异才是最好的旅游资源。人们考察或旅游就是看他们从未看过的东西，正如外国人看长城，我们去埃及看金字塔，常有一种非常想看的冲动。农业科技园区发展旅游业，就在于它可以通过现代农业的新品种、新栽培模式与传统农业不同来显示出差异，加之以艺术化处理，就成为非常好的旅游产品。所以，制造差异就可能创造出一个全新的市场，并且还具有可持续发展的优势。正是源于这种理念，朱台镇西单村生态农业科技园区在建设初始阶段，就把旅游的理念融了进去，每建设一个温室或安排一个项目，都考虑到了生态、环保、休闲观光、教育培训、商贸等因素，并且做到了园区一边建设、景点一边可以开放。入园的游客多了，自然而然就形成了一个市场，人流带动了物流。园区内生产出来的花卉、种子、树苗、果蔬，就地成了商品，并且这些商品的销售价格都高于外边的市场。比如，该园区在温室里栽培的小番茄，一般来说，农贸市场销价为10元/公斤，而在园区内则可销售到20元/公斤。客人不嫌其贵，就在于它是一种特殊的旅游产品。游客一般都有花钱的心理准备，但一定要花得开心，所以只要产品的质量好，加上销售的方式奇特，他们是可以接受的。因此，该园区栽培的番茄不是摘下来卖，而是长在温室内，挂在藤上卖。如果一家三口来旅游，小孩子都乐意到大棚去摘番茄，一边摘一边吃，一直到摘了满满的一袋才罢手。而父母看到小孩如此投入，心里也乐开了花，再高的价格也会买。可见旅游开发，必然会带动商贸的发展，真是一举三得。

第三节　我国生态农业模式的类型和实现途径

生态农业模式依据标准不一，分类的结果也会有很大的不同。我们根据资源、物质循环的利用方式，生物之间、生物与环境之间以及系统结构、功能关系，将我国现有的生态农业模式分为以下四种类型。

一、物质多层利用型

该类型是按照农业生态系统的能量流动和物质循环规律构成的一种良性循环生态模式。在该模式中，通过增加生产环和增益环，将单一种植和高效饲养以及废弃物综合利用有机地结合起来，在系统内做到物质良性循环，能量多级利用，达到高产、优质、高效、低耗的目的。在该系统中，一个环节的产出是另一个环节的投入，废弃物在生产过程中得到多次利用，形成良性循环系统，从而获得更高的资源利用率和最大经济效益，并有效防止了废弃物对农村环境的污染。该类型又可分为沼气利用型、病虫草害防治型、产业链延长增值型三种类型。

1. 沼气利用型

沼气利用型是以农业生产为基础的家庭经济发展类型，它以沼气为纽带，利用食物链加循环技术将种植业、养殖业以及加工业联系在一起，通过增加畜禽饲养和沼气池厌氧发酵，将传统的单一种植和高效饲养以及废弃物综合利用有机地结合起来，在农业系统内做到能量多级利用，物质良性循环。如南方的“猪—沼—果”模式，北方的“四位一体”模式，西北地区的“五配套”等。

2．病虫草害防治型

该类型是利用生物防治技术，通过选用抗病虫草害品种，保护天敌，利用生物以虫或菌来防止病虫草害，选择高效、低毒、低残留农药，改进施药技术等，保证农作物优质、高效、安全的生长。如赤眼蜂捕食玉米螟模式、七星瓢虫捕食棉蚜虫模式、森林灰喜鹊捕食松毛虫模式、羊茶共生模式等。

3．产业链延长增值型

该类型是以经济效益为中心，以农业可持续发展为目标，将农业生产中的主产品或副产品加工增值，从而增加农业产值，并努力实现生产的产业化，促进产、加、销、贸一体化的农业生产模式，如青贮玉米—饲料模式、玉米—猪—肉罐头模式等。

二、生物互利共生型

该类型利用生物群落内各层生物的不同生态位特性及互利共生关系，分层利用空间，提高生态系统光能利用率和土地生产力，增加物质生产。这是一个在空间上多层次，在时间上多序列的产业结构类型，使处于不同生态位的各生物类群在系统中各得其所、相得益彰、互惠互利，充分利用太阳能、水分和矿物质营养元素，实现对农业生态系统空间资源和土地资源的充分利用，从而提高资源的利用和生物产品的产出，获得较高的经济效益和生态效益。生物互利共生型以先进适用的农业技术为基础，以保护和改善农业生态环境为核心，强化农田基本建设，提高单产。该类型主要包括农林牧副渔复合型、农作物复合种植型、其他复合型三种类型。

三、资源开发利用与环境治理型

该类型依据生物与环境相互影响原理，以生态效益为主，兼顾经济效益，运用生态经济原理指导和组织农业生产，保护和改善农业生态环境与生产条件，提高农业综合生产能力，把人类农业生产活动纳入生态循环链内，参与生态系统的生物共生和物质循环，以求生态、经济和社会效益协调发展。资源开发利用与环境治理型主要包括环境治理型和资源开发利用型两种类型。

1．环境治理型

该类型采用生物措施和工程措施相结合的方法，综合治理水土流失、草原退化、沙漠化、盐碱化等生态环境恶化区域，通过植树造林、改良土壤、兴修水利、农田基本建设等，并配合模拟自然群落的方式，实行乔木、灌木、草结合，建立多层次、多年生、多品种的复合群落生物措施，是生物措施与工程技术的综合运用模式。它包括以下四种模式。

（1）丘陵山区小流域综合治理模式。该模式在水土流失较为严重的地区以植树造林为主要途径，发展林果、养殖等产业，实行小流域的综合治理，改善生态环境，逐步创造良好的农业发展环境。主要采取退耕还林、还草、封山绿化的综合措施，加强对天然林的保护，集雨灌溉，涵养水源，防水固土，保持土壤肥力，在陡坡地栽种用材林，在缓坡地栽种经济林，在平地搞养殖、经济作物种植及农产品加工。在农牧结合区，采用以沼气工程为纽带的生态农业模式，以农带牧，以牧促沼，以沼促粮、草、果种植业，形成生态系统和产业链合理循环。

（2）盐碱地治理模式。该模式采用打浅井、开深沟，建造人工防护林，引进抗盐碱的豆科牧草发展畜牧业，种植青绿肥增加土壤有机质等。

（3）草地恢复与生态牧业模式。该模式根据草场类型和产草量，确定不同牲畜的种群结构和载畜量，分地区分季节安排牧业生产；退耕还草还牧，提高草地的产草量；缩短育肥周期，减少载畜量和放牧强度；引导牧民从事畜产品加工业等行业。

（4）保护性耕作模式。该模式在保证种子能发芽的基础上尽可能减少土壤耕作，并用作物秸秆、残茬覆盖地表，用化学药物来控制杂草和病虫害，从而减少土壤风蚀、水蚀，提高土壤肥力和抗旱能力。保护性耕作模式是干旱少雨、风蚀严重地区应对恶劣环境的重要模式。

2．资源开发利用型

该类型主要分布在山区及沿海滩涂和平原水网地区的荡滩，这些地区农业发展潜力较大，有大量自然资源未得到充分开发或很好地利用。通过因地制宜、全面规划、综合开发，利用改造荒山、荒坡、荒滩、荒水，实行资源开发与环境治理相结合，治山与治穷相结合，可全面促进环境建设、生产建设和经济建设。该模式适用于农业发展潜力大、生态环境好、资源丰富但未得到充分开发或利用的地区。

四、观光旅游型

该类型是运用生态学、生态经济学原理，将生态农业建设和旅游观光结合在一起的良性模式。在交通发达的城市郊区或旅游区附近，以当地山水资源和自然景色为依托，以农业作为旅游的主题，根据自身特点，将旅游观光、休闲娱乐、科研和生产结合为一体的农业生产体系。

观光旅游型生态农业模式是一种新的园林形式，是近年来新兴的城郊农业发展模式。该模式以市场需求为导向，以农业高新技术产业化开发为中心，以农产品加工为突破口，以旅游观光服务为手段，在提升传统产业的同时，培植名贵瓜、果、菜、花卉和特种畜、禽、鱼以及第三产业等新兴产业，进行农业观光园建设，让游客在旅游中认识农业、了解农业、热爱农业。根据农业观光园的应用特点将其分为观光农园、农业公园、教育农园三类。

1. 观光农园型

以生产农作物、园艺作物、花卉、茶等为主营项目，让游人参与生产、管理及收获等活动，还可让游客欣赏、品尝、购买园区的作物。它又可细分为观光果园、观光菜园、观光花园（圃）、观光茶园等，如北京朝来农艺园、河南世锦花木公司等。

2．农业公园型

把农业生产、农产品销售、旅游、休闲娱乐和园林结合起来的园区称为农业公园。这类农园应注重在休闲、旅游、度假、食宿、购物（农产品）、会议、娱乐设施等方面的完善，注重人文资源和历史资源的开发，是一种综合性的农业观光园。如湖北宜昌的旅游型景观农业区、四川的九寨沟、浙江义乌的农业现代化示范区、河南省淮阳市的中原绿色庄园等。

3．教育农园型

该类型既兼顾农业生产、农业科普教育，又兼顾园林和旅游，故称为教育农园。其园内的植物类别、先进性、代表性及形态特征和造型特点等不仅能给游园者以科普知识教育，而且能展示科学技术就是生产力的实景；既能获得一定的经济效益，又能陶冶人们的性情，丰富人们的业余文化生活，从而达到娱乐身心的目的。如深圳的世界农业博览园、上海孙桥的现代农业开发区、河南省郑州市陈寨村的特色植物展示园等。

目前，随着人们生活水平及生活质量的提高，农业观光园作为生态旅游模式的主体必将得到进一步的发展。因此，本着以人为本，充分体现农业回归自然、人与自然和谐的理念构建生态模式，将是城郊农业发展的必然。生态旅游农业模式不仅为农业结构调整提供了示范，而且对增加农民收入，促进科技信息、市场信息的传递，加快农村城市化进程意义重大。同时对改善生存和生态环境，保护我们赖以生存的地球具有重大的现实意义和深远的历史意义。

第四节　建设生态农业园的措施

建设生态农业园，要依据各地实际的农业发展条件，因地制宜。在这方面，以江苏涟水县生态农业园建设为例，来看看他们是怎么建设生态农业园的。

一、因地制宜做好规划

根据自然和社会条件的差异，涟水县在生态园建设时，规划了古黄河生态农业园区、城郊生态农业园区、涟西生态农业园区、宁连路生态农业园区、甸湖荡生态农业园区和盐河生态农业园区等，每一个农业园区都结合当地的实际建立了独具特色的生态农业园。

1. 古黄河生态农业园区

该区依黄河故道环绕涟水县东南部边缘，沿故道北岸与楚州区、阜宁县隔河相望，共涉及保滩、涟城、徐集、南集、唐集、石湖等7个乡镇，71个村524个村民小组1.44万户7.1万人，土地1.90万公顷，占全县土地面积的54%。拥有耕地9460公顷，农作物播种面积847公顷，果园面积2334公顷，宜养水面1927公顷，其中放养水面1000公顷，该区以粮、棉、林、果、渔等生产为主。

2．城郊生态农业园区

该区位于县城所在地及周围，包括涟城镇全部及朱码镇的一部分，有24个村165个村民小组7.33万人，土地面积8040公顷，占全县面积4.8%。拥有耕地面积2587公顷，粮食播种面积3587公顷，可养殖水面233公顷，鸟类自然保护区一个，该区以“菜篮子”工程为主。

3．涟西生态农业园区

该区位于涟水县西部，分布在淮高路两侧，与淮阴区、沭阳县接壤，包括麻垛、前进、成集、梁岔、陈师等5个乡镇，共有127个村1049个村民小组18.7万人，土地面积约3.4万公顷，耕地面积约2.0万公顷，农作物播种面积约3万公顷。该区农业生产以种植、养殖业为主，是全县粮油生产和畜禽养殖的重点区之一。

4．宁连路生态农业园区

该区纵贯全县中腹地带，分布于宁连一级公路两侧，包括岔庙和高沟、陈师、朱码镇的部分，共有106个村987个村民小组14.73万人，拥有土地约29万公顷，占全县土地总面积的17.48%。耕地约1.6万公顷，农作物播种面积约2.4万公顷，放养水面800公顷，农业生产以粮、棉、油为主。

5．甸湖荡生态农业园区

该区位于涟水县东北部，北与灌南接壤，东与响水交界。境内包括石湖镇全部以及唐集、黄营、东胡集、五港等镇的部分，有86个村699村民小组12.8万人。拥有土地约2.9万公顷，占全县总面积的16.78%。耕地面积约1.3万公顷，放养水面873公顷，农作物面积约2.4万公顷，其中棉花种植面积1387公顷，是全县重要的粮、棉、油产区之一。

6．盐河生态农业园区

该区位于县境的中北部和县城东部，盐河两侧，呈月牙形。区内有甸湖荡生态农业区，北与灌南县交界，含红窑、义兴、大东等镇的全部，以及朱码、五港、东胡集、徐集、南集的部分，共176个村1507个村民小组，农业人口25.69万人，土地面积4.9万公顷，占全县总面积的2.93%。耕地面积2.5万公顷，农作物播种面积约4.1万公顷，油料5533公顷，是全县主要粮、油产区。

二、重点实施的生态农业工程

涟水县生态农业建设从本地的实际出发，围绕总体要求，着力加强产业结构调整，按照产加销、贸工农、农科教一体化的方向，转变农业的增长方式，加强农业产业化进程，促进农村经济发展，提高农业综合效益，改善农业环境，加强资源保护，使农业逐渐达到生态农业的标准。

1．农田生态建设工程

围绕改善土壤的质量，提高农业的单产，增强农业生产抗御自然灾害的能力这一中心，在“十五”以来共改造中低产田6.8万公顷，建成农田防护林6.4万公顷，新建电灌站166座，维修电站129座，建小沟级以上建筑物1.2万座，其中中沟以上建筑物4868座，防渗渠399公里。重点解决了农田灌排条件、农田水利设施配套、改良土壤农田林网化等，总投资4.6亿元；按照“江苏省吨粮田建设标准”，在宁边沿线生态农业区建设吨粮田略1.7万公顷；按照测土配方施肥，用地和养地相结合的要求，加大有机肥的投入量、秸秆还田量，到2005年平均每公顷施有机肥达2.4万公斤，作物秸秆还田量达2400公斤，土壤有机质含量提高0.03%。

2. 农林结合型绿化系统工程

在建好农田水利工程的基础上，以提高森林覆盖率为目的，重点发展农田防护林、果木经济林、城区及道路绿化。一是沿黄河沿线建成“百里果园、百里林带、百里鱼塘”。2005年实现果品总产1.34万吨，总产值2680万元，水产品产值1960万元，林业产值2820万元，既提高了抗御洪涝、防风固沙等生态综合能力，净化空气，改善生态环境，又带动了二、三产业的发展，增加了经济收入。二是在城东林场和朱陈苗圃建成种苗繁育基地。三是以宁连高速公路为主的县内五条主干道，到2005年全县林木覆盖率达到16%。新增“四旁”植树2800万株，城区人均绿化面积达到12平方米，三分之二以上的乡（镇）所在地绿化覆盖率达30%，干线公路和骨干河堤绿化达标率90%，乡村绿化达标率85%。全县实现农田林网化8.1万公顷，其中高标准农田林网约3.7万公顷，全县境内所有道路两侧一公里范围内全部建成高标准农田林网带；建成废黄河、盐河、六塘河沿线及县内5条骨干公路和宁连路等组成的绿化带，形成与百里蔬菜工程呼应的“绿色长廊”。

3．农渔结合型生态建设工程

根据“宜粮则粮，宜渔则渔”的原则，以提高单位面积产量，适度发展特种养殖为目的，充分开发和利用水面资源，发展水产品养殖；改造低产鱼池，发展特种养殖，建成高产稳产型的水产养殖体系。一是扩大养殖水面，把原有4667公顷养殖水面扩大到5340公顷；二是提高全县水产养殖的总体水平，建成精养鱼塘3753公顷；三是发展特种养殖，建立螃蟹养殖基地378.7公顷、甲鱼养殖基地26.67公顷、青虾养殖基地66.67公顷、牛蛙养殖基地33.33公顷，总面积达867公顷；四是建成年产1.1亿尾鱼苗、1.2亿尾虾苗的水产养殖场；五是发展立体养殖，实施稻田养鱼、稻田养虾、稻田养蟹技术，有效地提高经济效益和生态效益。

4．农牧结合型生态建设工程

充分利用农作物秸秆，推广秸秆过腹还田技术，大力发展畜禽养殖，以增加农田有机肥源，逐步建成农牧良性循环的生态系统。一是大力发展家禽养殖，在陈师、成集、蒋庵、徐集、北集、大东六个乡镇建立良种乳鸽和土种肉鸽生产区，年养殖规模达6.3万只；在徐集、南集、保滩、高沟等乡镇建成万羽养殖厂，年养鸡、鹅、鸭三禽达1800万只。二是发展家畜饲养，全县已建成灰墩、江海、江淮三个规模养猪场，建成徐集、南集、岔庙、高沟四个生猪基地乡，温室猪舍普及率达80%以上，年生猪饲养量达102万头；全县年均兔饲养量达17.1万只，羊饲养量达37万只，大牲畜饲养量达3.65万头。通过发展规模畜禽养殖，既增加了经济效益，又增加了农田有机肥的投入，农村生态环境得到改善。

5．农村能源及农业废弃物循环利用生态建设工程

一是以朱码、涟城、保滩为中心，建立食用菌生产基地和一个食用菌批发市场。以食用菌生产为中心环节，充分利用秸秆、木屑、棉子壳、沼渣等农业废弃物生产平菇、蘑菇、草菇等，变废为宝，增加收入。二是大力发展沼气工程，通过厌氧处理畜禽粪便及农村大量秸秆和废弃物，实施以沼气为纽带的生物链。把种植、养殖、能源开发和农村环境保护有机结合起来，充分发挥能源、环保在经济和社会中的效益。共建成农户型生物链600户，农户沼气池2.2万座，新建城镇沼气净化池163座；徐集、涟城、朱码、蒋庵等乡镇基本达到沼气乡镇标准。三是大力推广保护地栽培技术和太阳能热水器，充分利用光能资源，建成塑料大棚温室蔬菜1667公顷，太阳能温室猪圈16万个，推广真空太阳能热水器8万户，新型居民生活燃料（液化气）3.8万户；推广利用双膜覆盖增温栽培技术3334公顷（双膜棉），推广群体质量栽培、间套种等农技措施，提高农作物对太阳能的利用率，改善人民生活水平，增加了收入。

6．农工结合型生态建设工程

以发展乡镇企业为重点，按照“多业并举，多轮驱动，多轨运行”的原则与发展区域经济结合，大力发展农副产品深加工和综合利用，办好加工、贸易龙头企业，积极推进贸、工、农，产、加、销一体化，提高农副产品商品率和附加值，逐渐形成商品生产、加工、出口的匹配，促进农业由资源优势转化为经济优势，使乡镇企业走上良性循环的路子。一是建成粮食加工企业，以涟水精制米厂为龙头，生产绿色环保型“涟晶”大米，远销省内外；以粮食为原料酿酒的今世缘酒业有限公司生产的“今世缘”系列白酒、蒙特干红等饮料系列，已远销省内外，成为涟水经济一大支柱产业，酿酒下脚料酒糟可用作畜禽鱼饲料和有机肥料；以华茂食品有限公司为主的民营企业，以纯粮为原料生产糕点、奶粉、月饼、果冻、酱醋等“苏美”系列食品，已取得较好的经济效益。二是建成油脂加工企业，以全县近1.3万公顷油料作物作为生产基地，投资色拉油生产线，年产色拉油0.9万吨，副产品粕饼做饲料、肥料，实现多级利用。三是建成木材加工企业共380个，其中，以惠泰木业为龙头的中高密度板厂3家，使林木增值，推动林业发展。四是建成畜禽加工龙头企业8个，形成畜禽养殖、加工、销售一条龙的服务体系。五是以全县1万公顷山芋作为原料基地，加工以淀粉和粉丝为主产品的系列食品，残渣用于养畜禽等。六是建成以玉米为原料的饲料加工企业15户。

7．农村综合建设工程

一是以乡镇建设为主体，实施“阵地环境工程”，改善交通、水利、邮电、电力、商贸、环境等条件。“十五”以来共建成县乡“黑化”道路1600公里，乡村砂石化道路680公里，基本实现县乡道路黑色化，乡村道路砂石化；建成乡镇现代化通信系统，扫清通电死角，实现农村电网改造；加快农村村镇建设步伐，建成相对集中的农村贸易集市、住宅区、工业区、文化科技教育区、娱乐区，形成高层次生态平衡的理想景观。搞好农村鸡舍、猪舍、牛舍和厕所改造，充分利用院落有限空间，发展立体种植和养殖业，发挥一家一户的特长，形成各式各样的庭院经济，美化了环境。加快农村改水工程，新建和扩建自来水厂43座，到2005年，全县城镇居民饮用自来水率达100%、农村饮用自来水率达95%，自来水达标率达100%，有效地保证了人们的饮水卫生，提高了人们生活质量。

二是以保护生态环境，防治污染为中心任务的农村环境治理。加强村镇环境建设，严格控制“三废”污染，对重点排放企业实行限期综合治理，到2005年全县地面水水质，城区大气、噪声等环境质量全部达到生态标准；工业固体废弃物综合利用率达100%，工业废水治理率达90%以上，废气治理率达80%；大力推广高效低毒低残留的生物、生长调节剂农药，减少化学农药的使用；推广科学施肥技术，化肥利用率30%以上，彻底消除不合理的化肥、农药使用方法，农村益鸟和害虫天敌的种类和数量均大幅度增加。

三是加快农业机械化进程，推广新型高效的农业机械，降低劳动强度，提高劳动生产率，促进农业向集约化、规模化发展。全县拥有手扶拖拉机4.1万台，各类配套机8.7万套，大中型拖拉机365台，联合收割机509台，播种机6100台，旋耕机4.8万台，抛秧机26台，秸秆粉碎机60台，农业机械总动力达50万千瓦时，平均每百亩耕地拥有动力47千瓦时，全县农业机械化综合水平达71%，主要粮食作物稻、麦生产过程已基本实现机械化。

8．农副产品流通工程

以加强贸易市场建设、交通运输为中心，促进农副产品生产和流通，加强专业市场化建设，广辟农产品流通渠道。一是结合城镇建设规划，建成一批有特色的农副产品专业批发市场。建成城南果品市场和食用菌批发市场，杨口草鸡（蛋）市场，高沟、朱码木材加工小区及交易市场，小李集蔬菜批发市场，陈师肉鸽交易市场，城东蔬菜批发市场，涟水食品城等大中型集贸市场。二是大力发展交通运输业，全县公路建设基本实现“省市高速化、市县一体化、县乡黑色化和村村通公路”的战略目标。其间共筹资5.5亿元，先后新建、改建、扩建公路1600公里，有效地改善了全县水陆交通运输状况，加速了农副产品的贸易流通，促进了农业经济的发展。三是成立专业合作社200余个。

9．绿色食品基地工程

该工程以发展无公害农产品、绿色食品为目标，按照无公害、无污染的农业基地标准，重点改善大气、水体质量，生产过程中选用高效、低毒、低残留生物农药，减少农药施用量，降低单位面积化肥用量，全面推广生物农药病虫害防治技术和科学施肥技术，及时清理田间农（地）

膜的残留，防止造成农业环境的白色污染。到2005年底，全县蔬菜基地扩大到约1万公顷，其中露地菜基地2667公顷，朝天椒基地2667公顷，浅水藕基地3333公顷，大棚蔬菜1667公顷；建成涟城浅水藕、唐集朝天椒、保滩特供菜、岔庙榨菜、徐集无公害蔬菜、大东韭苔，朱码、高沟大棚蔬菜等科技示范园。全县蔬菜总面积扩大到约2.3万公顷，建成宁连路、淮高路、环城路沿线的百里蔬菜“绿色长廊”，全县蔬菜生产逐渐向集约化、规模化发展。

10. “绿色长廊”工程——蔬菜工程和绿化工程

绿色蔬菜工程。到2000年全县的蔬菜基地扩大到8667公顷（大棚2000公顷，日光能温室33公顷），使全县蔬菜面积达1.7万公顷，其中间套种8000公顷。建成涟水县生态农业和宁连路20公里、淮高路20公里、环城路10公里的百里蔬菜“绿色长廊”，全县蔬菜生产逐渐向集约化、规模化发展。高标准农田林网及绿化工程。在建成约3.3万公顷高标准的农田林网的基础上，同时建成废黄河、盐河、六塘河沿线及县内5条骨干公路和宁连路等组成的绿化带，形成与百里蔬菜相呼应的“绿色长廊”。

第五节　影响我国生态农业发展的因素

高效生态农业是我国农业发展的方向，因此需要进一步从系统、综合的角度，对生态农业进行更加深入的研究，特别是要素之间的耦合规律、结构的优化设计、科学的分类体系、客观的评价方法等方面。这种研究应当建立在对现有生态农业模式进行深入的调查分析基础上，必须超越生物学、生态学、社会科学和经济学之间的界限，应当是多学科的交叉与综合，需要多种学科专家的共同参与，需要建立生态农业自身的理论体系。现阶段影响生态农业发展的因素如下。

一、技术体系

在一个生态农业系统中，往往包含了多种组成成分，这些成分之间具有非常复杂的关系。例如，发展林下经济，就要充分考虑种植的作物或养殖的动物在数量、品种、生育期等与林木的协调统一关系。在一般情况下，农民并没有足够的理论知识和经验对这一复合系统进行科学的设计，而简单地照搬另一个地方的经验，也很难取得成功。但目前在生态农业的实践中，还缺乏技术措施的研究，既包括传统技术如何发展，也包括高新技术如何引进等问题。

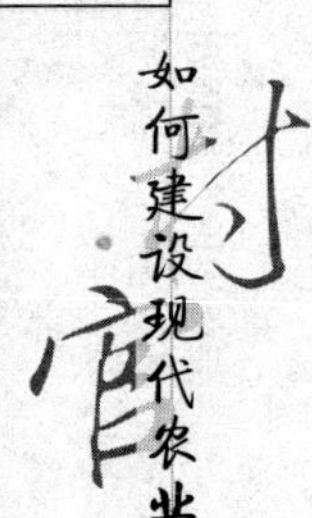

二、政策

政策方面存在需要完善的地方，如果没有政府的支持，就不可能使生态农业得到真正的普及和发展。而政府的支持，最重要的就是建立有效的政策激励机制与保障体系。虽然目前我国农村经济改革是非常成功的，但是对于生态农业政策的贯彻，还有许多值得完善的地方。在有些地方，由于政策方面的原因，使得农民不能对土地、水等资源进行有效的保护。

三、农产品价格

农产品价格方面的因素，有时也成为生态农业发展的一个限制因素。因为对于境况较好的人来说，食物安全保障可能更为重要；但对于那些比较贫困的人来说，较高的经济效益，就可能会成为刺激他们从事生态农业的基本动力。

四、服务体系和能力建设

对于生态农业的发展，服务与技术是同等重要的。但目前尚未建立有效的服务体系，在一些地方，还无法向农民提供优质品种、幼苗、肥料、技术支撑、信贷与信息服务。例如，信贷服务对于地方生态农业的发展是非常重要的，因为对于从事生态农业的农民来说，盈利可能往往在项目实施几年之后才能得到，在这种情况下，信贷服务自然是必不可少的。同时，信息不通畅也是当前制约生态农业发展的重要方面。因为有效的信息服务将有益于农民及时调整生产结构，以满足市场要求，并获得较高的经济收益。另外，尽管激励机制是十分必要的，但生态农业应当更趋向于开发一种机制，使农民自愿参与。要想动员广大农民自觉自愿、自力更生地通过生态农业发展经济，能力建设自然就成为一个十分重要的问题。截至目前，有效的能力建设机制还未建立，基层农民很少得到高水平的培训与学习的机会。

五、农业的产业化水平

发展生态农业的根本目的是实现生态效益、经济效益和社会效益的统一，但在我国的许多农村地区，促进经济的发展、提高人民生活水平，仍然是一项紧迫的任务。我国加入世贸组织，既为我国生态农业的发展提供了新的机遇，也使之面临着新的挑战。为适应这一新的形势，生态农业的发展还有许多的问题有待解决，而其中，农业的产业化无疑是一个极为重要的方面。另外，人口问题一直是我国社会发展中的主要问题之一。土地资源相对短缺，耕地面积在不断减少，而人口在继续增加，农村剩余劳动力的转移也已经成为困扰农村地区可持续发展的一大障碍。为解决这一问题，也必须通过在生态农业中延长产业链、促进农业的产业化水平来实现。

六、组织建设

在生态农业发展过程中，组织建设是一个重要方面。正如世界环境与发展委员会在其《我们共同的未来》报告中所指出的那样，新的挑战和问题的综合与相互依赖的特征，与当前的组织机构的特征形成了鲜明的对比。因为这些机构往往独立而片面，与某些狭隘决策过程密切相关。我国当前的生态农业，也同样存在这种组织建设的不足。

七、推广力度

虽然生态农业有着悠久的历史，政府也较为重视，但仍然没有在全国范围内得到推广。因为从总体而言，沉重的人口压力，对自然资源的不合理利用，生态环境整体恶化的趋势没有得到根本的改善，农业的面源污染在许多地方还十分严重。水土流失、土地退化、荒漠化、水体和大气污染、森林和草地生态功能退化等，已经成为制约农村地区可持续发展的主要障碍，但生态农业发展已是大势所趋。

第四章　观光休闲农业

第一节　观光休闲农业的市场前景

观光休闲农业，是以农业生产过程、农村风貌、农民劳动生活为主要吸引物，农业和旅游业结合而形成的新型产业。其所具备的自然性、体验性、休闲性、产业性特征十分突出（详见第一章第三节），是当前建设现代农业过程中被广泛采用的主要模式之一，基本上各地在建设现代农业的过程中，都会将观光休闲农业作为重点，或者与都市农业、生态农业、农业科技园相结合。比较典型的如四川省成都市三圣乡，就是观光休闲农业的典范。

地处四川省成都市锦江区的三圣乡，总面积12.8平方公里，人口1.5万余人。2003年前，该乡是成都近郊最穷的一个乡，人称“外八乡”，近乎于上海人说的“下只角”。由于地处城市通风口，土质系酸性膨胀土，“天晴一把刀，下雨一包糟”，长期以来，全乡“土地不多人人种”，始终“丰产不丰收”。

2003年，成都市委、市政府提出统筹城乡发展，锦江区政府依托城郊优势，以现代农业理念为基础，因地制宜，设计出“政府主导、集体运作、农户参与”的现代观光休闲农业发展模式。三圣乡的土地不适合种粮，却适宜发展花木。锦江区按照城郊建设标准，有针对性地对三圣乡实施农村基础设施建设，发展城郊农家乐旅游。成都市财政与锦江区共投资1.2亿元，对三圣乡5个村的乡村道路进行硬化和房屋改造，工程90%的资金由财政投入，完善了路网、通信、引水、供电、供气等乡村旅游基础设施。

经过一年多的努力，在政府推动下发展起生态休闲旅游业，三圣乡5个村组形成了“花乡农居”、“幸福梅林”、“荷塘月色”、“江家菜地”和“东篱菊园”5个旅游知名品牌，成为闻名遐迩的“五朵金花”。景区内有蜀中茉莉花故里的茉莉园、具有农耕社会图腾崇拜的牛王庙、百亩玫瑰主题风情园、维生花卉园艺等众多景点；拥有科技示范区、苗木种植区、精品盆花区、鲜切花展示范区、川派盆景区、彩色植物区等六大花卉生产、观光片区，以及形形色色、林林总总百余家休闲娱乐场所，成为成都近郊著名的休闲度假胜地。

为了进一步提升花乡的品牌优势、打造全国驰名的都市城郊旅游品牌，形成快速发展的产业模式，2005年三圣花乡实施了第二次改造，锦江区政府按人均35平方米的宅基地面积，每平方米100元的标准，通过“买一把遮阳伞送一把遮阳伞，买一套餐桌送一张桌布”等方式补助农民，引导农民对农家乐设施升级换代。

针对在发展农家乐的过程中，一些农户缺乏经营意识，房屋刚装好，城里人开出每年数万的租金，农户当即就转手将房子租出去的情况，为培育现代农业发展所需要的新型农民，鼓励、扶持农民创业，三圣乡政府免费为农民开办了致富学习班，针对不同需要设立了老板班、厨师班、服务班，每年组织农民外出参观学习。

与此同时，建立相应的基层协会和组织机构，统一规划发展相关资源，建立星级农家乐评选机制，推动合理化竞争。另外，还建立景区旅游接待中心，对景区设施、从业人员、环境卫生和经营秩序实施精细化、标准化的维护管理。

为形成较强竞争力的产业化品牌效益，在政府主导下，工商、税务、卫生防疫、环保等部门也最大限度地给予当地政策扶持，吸引社会资金参与建设，银行对当地农户贷款实行“五户联保”，解决投资不足。很快，一幢幢赏心悦目的农家园和乡村度假宾馆、花卉购物中心拔地而起；三圣乡成为集观光农业、乡村旅游、商务会议、餐饮娱乐为一体的城市近郊生态休闲地。继2004年花乡农居被评为“全国首批农业旅游示范点”后，2005年被中央文明办授予“全国文明村镇”称号；2006年，被国家建设部评为“2005中国人居环境范例奖”。2007年，景区接待海内外游客1100万人，实现旅游收入2.34亿元。2008年接待游客达1300万人次，实现旅游收入3.3亿元，人均年纯收入近几年都在10万元以上。

2009年，三圣乡又规划打造集体育运动、文化创意、休闲观光于一体的国际化、现代化的“三圣国际运动休闲度假区”，成为三圣花乡的第六朵“金花”。

第二节　国外观光休闲农业对我国的借鉴意义

一、国外观光休闲农业模式

1．法国休闲农业

早在1855年，法国有一位名叫欧贝尔的参议员带领一群贵族到巴黎郊区农村度假，他们观赏田园，品尝野味，学习养蜂。通过这些活动，目的是让人们重新认识大自然的价值，加强城乡人民之间交往，增进城乡人民友谊。

目前，法国有1.6万户农家建立了家庭旅馆，推出农庄旅游；全国33％的游人选择了乡村休闲度假，乡村农业休闲旅游每年接待游客200万人次，每年给农民带来700亿法郎的收入，相当于全国旅游收入的1/4。

2．意大利休闲农业

意大利在1865年就成立了农业与旅游全国协会，专门介绍城市居民到农村去体验野趣。旅游者骑马、钓鱼、参与农活，在安静、清新的环境中生活一段时间，食用新鲜的粮食、蔬菜、水果，购置新鲜的农副产品。

休闲农业在意大利的发展表明，休闲农业是生产力水平发展到一定程度的必然要求。休闲农业已成为经济比较发达的城市的重要功能和特征。

二、国外观光休闲农业的经验启示（以日本为例）

旅游（观光）休闲农业在日本已经取得良好的社会、经济与生态效益，已经衍生为带动农业与农村经济发展的主导产业。日本的旅游（观光）休闲农业在发展中已经取得许多成功经验，对中国发展旅游（观光）休闲农业能提供积极有益的借鉴。

1. 日本旅游休闲农业发展过程

日本旅游休闲农业从整个演进过程来看，它萌芽于20世纪80年代初期，初步发展于80年代中期，快速发展于90年代初，21世纪初进入产业升级阶段，目前正朝着绿色休闲与体验型农业方向演进。从发展过程来看，经过1980年之后的初步发展，80年代中期衍生度假农场，如1985年后分别设立了大仁、名寄、石垣等自然休闲农场。在80年代后期，休闲农场发展为市民度假农园，并迅速成为世界农业观光公园的典范。20世纪90年代，日本旅游休闲农业在旅行社的帮助推动下又向纵深发展，逐渐突破以往只有观光与休闲功能的局限，进一步拓展其体验与学习功能，使旅游者不仅“看”而且“干”，真正体验农事的原汁原味。如日本一些旅行社推出的“插秧割稻旅行”、“采茶旅行”。在耕种时节，利用假期，组织城市游客到农村去和农民共同生活，学习插秧与管理茶叶生产；在收获季节旅行社选出一小包稻米或茶叶寄给先前来过的游客，让他们亲口品尝自己的劳动果实，体验耕种与收获的喜悦……同时又为下一次吸引游客回农村故地重游埋下伏笔。21世纪提出“绿色”旅游休闲农业发展计划，将保护环境纳入休闲农业发展内容与政府政策建设序列之中，促使休闲农业全面向更高阶段跃升。目前，日本绿色旅游休闲农业已步入全方位运行阶段。

2．日本旅游休闲农业的成功发展经验

（1）努力转变日本市民对农业的观念

日本政府、农协及其他民间农业合作团体利用一切机会与渠道，通过举行各种活动让市民全面了解农村、认识农业，从而使市民主动与农民成为朋友，为日本旅游休闲农业发展奠定观念上的基础。例如，2002年北海道政府在绿色旅游休闲农业推进指导方针中，明确提出让市民理解农业与农村的作用；2000年在美呗市中村地区的农协开展让小学生体验农业的活动，试图从基础上让城市小学生带动家长逐渐认识农业；2005年长沼町开展儿童农业重要性教育，经过教育让孩子们正确认识土地、农业、环境保护的重要性。目前日本少子化现象已经非常突出，迫使其政府通过强化国民尤其是儿童的综合素质教育，弥补因人口减少而带来经济增长的损失，其中，让儿童认识农业就是其综合素质教育一项重要内容。

（2）政府制订可行性发展计划

日本旅游休闲农业取得成功，与日本政府制订合理计划的支持是分不开的。以北海道为例，2000年制订以建设具有活力的，以农村为主旨的第三次北海道长期综合发展战略（计划期为2000—2007年），试图以发展绿色旅游休闲农业来进一步加强城乡交流与互动，从而实现农业经营多元化战略。

为保证该战略如期实现，当地政府于2001年开始连续出台一系列旅游休闲农业规划与计划。2001年制订以宣传本地区饮食文化、倡导绿色旅游休闲农业理念为基本内容的中期发展规划（规划期为2001—2005年）；2002年制订以宣传绿色观光意义的北海道观光行动计划，力图通过绿色旅游休闲农业来联系观光产业和其他产业，让城镇居民进一步理解农业与农村的发展，以及与全体农村地域内其他产业发展存在着唇亡齿寒的纽带关联；2004年北海道政府制订绿色观光推进计划，借以利用绿色旅游休闲农业契机来发展与其他产业的关系，为后续稳定并强化农业经营做基础铺垫；2005年北海道政府提出开发绿色旅游休闲农业等新产品计划；2006年制订着重发展农产品加工、销售、农家住宿项目，为游客提供舒适快乐的绿色旅游与环境计划；2007年提出利用当地农林水产业的自然资源来进一步拓展绿色旅游休闲农业内涵，促成多彩的北海道型旅游休闲农业。日本政府及北海道政府制订可行性发展计划，有力地支持了北海道旅游休闲农业的发展，其收益明显。2006年北海道旅游休闲农业总收入为244亿日元，带动本地域其他企业增收553亿日元，对本地域经济总贡献份额占到7.3%。

（3）日本强化农业与农村基础设施和生态环境建设投入，为旅游休闲农业发展提供基础支撑

日本农业基础设施已经非常优良，为农业生产与农村生活提供了充足的基础支持。日本农业与农村优良基础设施的形成，是以高昂的成本投入为前提的。一方面，政府每年建设与维护费用的投入已经超过实际需要；另一方面，政府利用政策倾斜手段，引导民间财团向农业投入。两股主要财力的投放，促使农业与农村基础设施，如农村

道路、水、电、气等，农业生产设施，如农用机械维修设备、水利设施、育种设施及各类生产与生活服务品供给等方面，在20世纪80年代末期得到彻底改善，随后步入不断优化与升级的进程。

日本政府高额投资于农业基础建设的做法可以给我国一些启示。早在17世纪日本就已确立农业是国民经济基础，农业基础设施又是农业发展的先决条件理念，后续生成发展国民经济要先以农业为基础的发展思路，最后形成发展农业就得先进行基础建设的结论。例如，新建农田水利工程建设资金投入，国家和地方政府负担55%～80%，农民负担20%～45%；水利工程的管理费用，由国家、地方政府负担50%～80%，农民团体负担20%～50%。日本在基础设施建设过程中，尤其是20世纪90年代末期强调环境生态保护理念，以环境保护为内核来规划拟建方案，从而使日本农村目前呈现出中国人所向往的“桃花源”景象。一方面，日本农业有着优良的基础设施；另一方面，日本森林覆盖面积已占国土总面积的67%，人均绿化面积为4000平方米。显而易见，在这样的背景下发展旅游休闲农业是农业发展的自然结果。而且，旅游休闲农业后续发展主要依靠民间商业资本投入来推动，其好处在于商业资本能使旅游休闲农业达到最高效率，并使其朝着更高级状态快速演进。

（4）农户共同参与旅游休闲农业的发展

1949—1998年期间，日本农业对国民经济的贡献份额由38.3%下降至1.9%，表明日本已进入到后工业时代，非农部门的发展对农业依赖度已经降低到非常低的程度。换言之，国民经济对农业的带动作用日渐缩小，迫使日本农民危机感日趋严重。因此，日本农业的发展需要全体农民集合起来，在继续获得外援的基础上，注重依靠挖掘内部潜力，谋求新的发展空间，促使日本绝大部分地区的农业将其发展空间锁定在了旅游休闲农业上。另外，日本是典型的小规模经营，仅仅依托于几家几户无法产生引力效应，从而难以支撑旅游休闲农业的生成与运行。因此，日本采取的办法是政府引导、协会组织、绝大部分农户参与的形式，从而形成较大产业规模，发挥该产业的规模潜能，产生规模经济效应。例如，长沼町以个体农家为主体合伙开发旅游休闲农业，以集体力量接待大规模旅行团队。一方面，建设大规模住宿设施需要高昂费用，风险性高；另一方面，农户平时空闲房屋多，平均每户利用空屋可容纳2~3人住宿，农户住宿条件与宾馆相同且住宿价格低，迎合游客的消费需求；再者，农村生态环境的改良与修护非个别农户所能完成。

由此，长沼町政府引导成立由112个农户所组成的运营协议会，利用该协议会去组织农户共同参与发展旅游休闲农业。1999年游客数量约为87万人，2000年约为89万人，2001年和2002年约为94万人，2003年约为95万人，2008年为100万人。从长沼町的经验可看出，组织多家农户参与旅游休闲农业建设，不但能取得规模经济，更重要的它是一个地区发展该类型产业的前提条件。

（5）旅游休闲农业是经济发展的动力

发展旅游休闲农业，一方面在不破坏自然环境的基础上，通过合理规划与建设，施加人工干预，能促使生态环境朝着人类所需要的良性方向演进；另一方面又可以使农户增收，农村生活条件改善，在农业向前发展的同时，游客也可以得到回归自然的满足。因此，经济效果明显。从另一角度来说，旅游休闲农业经济效果的取得必然要产生回波效应，在产生强劲的后续动力之后，进一步衍生扩散效应，产生辐射作用，从而推动某一区域旅游休闲农业整体不断向高级阶段发展。

第三节　正确理解观光休闲农业发展中的问题

休闲农业在发达国家和地区已经得到蓬勃发展。国内的休闲农业以广东省和北京市起步较早。广东省休闲农业园区已有40处。北京市每年休闲农业产值超过4亿元。上海市每年大约有200万人（次）走出市区的钢筋水泥“丛林”，拥向郊区享受休闲农业。对于国内雨后春笋般出现的休闲农业现象，人们的认识还不深，不仅仅需要实践的探索，也需要在理论上认识两个基本问题。

一、休闲农业的特殊意义

1．休闲农业可以实现人类的回归，满足人类生理和心理的需求

自然是人类产生、成长的摇篮，人类来自于绿色的自然世界。人类走出绿色的自然，城市成为人类现代文明的

摇篮，既是人类的进步，又是人类在一定程度的异化。拥有现代文明的人类，并没有改变依恋自然的天性。农业是人类按照自然规律克隆的自然。农业中潜伏着人类几乎所有的生理和心理方面最原始的需求。与一般的观光旅游不同，人类通过农业劳动可以实现四肢直接与自然交流。就像离开海洋又回归大海一般，休闲农业可以满足远离了自然的城里人又回归自然的需要。

2．休闲农业可演绎人类最基本和最根本的生存方式

人类是万物之首，具有无穷的智慧和才能。但是，人类本身也是自然之人，即自然的一部分。人类的生存不能离开自然，只能在自然许可的范围内按其规律生存和发展，创造自己的世界。

尊重自然的空间、时序和规律，建立与自然良性互动的亲和关系，是人类最基本和最根本的生存方式。尽管当代农业过度开发有许多过失，但农业毕竟是人类与自然之间一种天然的纽带和桥梁。人类与自然最和谐相处的模式存在于农业之中，人类最基本和最根本的生存方式存在于农业之中，人类最初的生存方式也存在于农业之中。但是，人类越进步，却离开最初的生存方式越远。通过休闲农业实现人类对其生存方式的不断反思，将有利于人类自身的进步。

3．休闲农业有利于不断体会和开拓人类文化和智慧的宝藏

通过与自然亲和、互动，谋求人类生存、发展的农业

文明方式，曾是人类最基本的文明方式。农业是人类所有产业之母，一切文明之根本。现代社会把文明推向高峰，但农业之中仍然保留着现代文明之根。在几千年漫长的农业社会中，从普通农夫熟悉的循环农业，到哲人“天人合一”的深奥理念，以至于农村社会的民居民宅、乡规民约、风俗人情，处处闪烁着人类文明的光芒，其中不泛有许多渗透着人类大智大慧之处。也许人类所遇到的诸如生态、能源、人口等困惑的答案就在其中。但是，近代以来人类一路走得太匆忙，没有时间和经历去体验和享用。透过休闲农业，当今的人们可以了解以往的人世沧桑，领悟与此相关的政治、经济、文化、道德、伦理的变化；透过休闲农业，可以慢慢品味、消化先人们为后人保留在农业之中的人类文化的精华。

4．发展休闲农业具有现实意义

一是我国已经进入快速城市化时期，但我国是在土地资源十分紧缺的条件下实现城市化的。一方面，城市化不能放弃农业，需要农业生产食品并为城市生态功能作贡献；另一方面，由于级差地租和比较效益的原因，一些地区的农业将承受较大的成本压力。发展休闲农业是在农业生产功能的基础上增加休闲功能，有利于提高郊区农民的收入，从而有利于在城市化过程中保留绿色而又美丽的农业。

二是我国是文明古国，我国文明史主要是农业时代文明史，其中有大量文明人们至今仍然没有深刻理解，而这正是对今后中华民族繁衍、发展会起重要作用的文化遗产。这遗产除了不少经典保留在书刊、博物馆之中外，还有大量散落在农业、农村和农民之中。发展休闲农业有利于保护我国的农业文明。

二、休闲农业的特性

1. 与自然的交融性

与其他产业不同，农业与自然有着血肉般的联系。农业不是人类可以独立完成的产业，而必须由人类与自然共同完成。因此，人们在休闲农业中与农业接触，实际上也就是与自然接触。

根据与农业接触程度的不同，可以把休闲农业划分为不同类型。例如，一些以参观、欣赏为主的观光农业，属于浅层次接触型休闲农业；一些接触农民、农村和农业时间较长的“农家乐”，属于较深层次接触型休闲农业；一些居住时间长，接触农村广泛，并参与农事活动的体验农业，属于深层次接触型休闲农业。

2. 文化综合性

休闲农业的对象不只是单纯的农业生产过程，同时体现人类的生产方式、生存方式和文明方式，因而具有文化综合性的特点。它既可在形式上以观光、体验、教育、旅游为一体，在对象上以自然、人文、社会等有形和无形资源相互交融，又可以在效果上实现参与者同时获得生理和心理健康。而且休闲农业还可向其他产业延伸并与其他产业融合。根据与其他产业融合的特点，也可以把休闲农业分为不同种类：可以有向文化教育业延伸的休闲农业，如融休闲与教育于一体的农业科普教育、宣传农业传统文明的农村民俗村，体现现代农业科技的主题公园，等等；可以有向医疗保健产业延伸的休闲农业，如在水源涵养林地区设计生态氧吧，根据不同生物对不同疾病有一定治疗作用的特点，在生态环境较好的地区设计农业疗养院，等等；也可以有向其他产业延伸的休闲农业，例如与农产品贸易结合起来的休闲农业，让游客在休闲农业中，亲眼目睹农产品无污染的生产过程，放心购买有机绿色农产品；还可以有向旅游服务业延伸的休闲农业，如乡村度假村、乡村宾馆和乡村会议中心。就是这些产业之间也可你中有我，我中有你，彼此相融。

第四节 观光休闲农业开发规划与模式选择

当前我国政府正加大对农业产业结构调整的力度，发展观光休闲农业也有利于促进农业可持续发展，进一步推进现代农业体系的建设。在加强观光休闲农业开发与管理方面，必须要注意在规划与模式选择上做好准备。

一、观光休闲农业开发规划的总体指导思想及要求

观光休闲农业开发规划是涉及农业生态旅游者的旅游活动与其环境间相互关系的规划，它是应用生态学的原理和方法，将旅游者的旅游活动和环境特性有机地结合起来，进行旅游行动在空间环境上的合理布局。做好观光休闲农业开发规划，关键是要贯彻资源和环境保护的思想，

在编制农业生态旅游区总体规划时，必须对旅游区的地质资源、农业自然资源和涉及环境质量的各类资源进行认真的调查，以便针对开展旅游活动所带来的环境损害进行足够的准备，并采取积极措施，消除或减少污染源，加强对农业生态环境质量的监测。这就要求各方面的专家学者（经济学者、旅游地理专家、市场分析人员、法律顾问等）组成的评估机构进行客观、公正、全面地调查评估，在此基础上完成可行性论证，政府及旅游管理部门再从全局考虑制定观光休闲农业开发规划。

具体来说，制定生态旅游开发规划时应处理好以下关系。

（1）农业生态旅游地最大容量与最佳容量的关系；

（2）市场与资源的关系；

（3）天然与人工的关系；

（4）共性与个性的关系；

（5）经济效益、环境效益与社会效益的关系。

观光休闲农业开发规划必须以可持续发展理论为指针，坚持生态旅游业的发展与环境、资源保护并重，既满足当代人的需求，又不危及子孙后代的享用，强调经济、社会、环境、效益的统一。以市场为导向，研究农业生态旅游市场信息，以市场需求决策农业生态旅游资源开发。培育和开拓农业生态旅游市场，要以农业生态资源为基础，充分发挥和利用农业生态旅游资源的优势和特色，设计和开发多样化、专项化、精品化的农业生态旅游产品，突出农业生态旅游的参与性与科普教育功能。以促销为杠杆，做好农业生态旅游产品包装，加大宣传促销投入，充分利用报纸、杂志、广播、电视等新闻媒体。以管理为保障，借助于一定的管理监测手段（方法）和必要的法律法规，坚持多目标的生态经济系统管理手段（思想教育手段、计划手段、组织手段、经济手段、法律手段和行政手段）来调节农业生态旅游经济系统的运行活动或过程，并不断引进世界先进的生态旅游管理技术和方法，逐步建立一套农业生态旅游区管理技术运作机制。以人才为依托，观光休闲农业开发机构应通过培训或引进等方式，建立一批高素质的生态旅游管理人员和导游队伍，提高服务质量，树立农业生态旅游的良好形象。

二、观光休闲农业开发规划的目标

观光休闲农业的共同目标取向，就是使旅游区内的自然生态系统、经济系统和社会文化系统相协调，进而达到可持续发展的目的。为此，观光休闲农业开发的目标，就是要努力促进农业生态系统及其农业自然景观的完整性和稳定性，积极开展科研监测及宣传教育，加强农村社区共管，发展当地农村经济，逐步建成环境优美、设施先进，管理科学、高效，经济较为稳定的农业旅游区。通过观光休闲农业生态旅游的总体规划，使农业旅游区能形成较为发达的农业生态旅游市场和网络，农业生态旅游产品结构全面调整，农业生态旅游经营管理、接待服务、开发建设等实现规模化、科学化、质量化，从而使观光休闲农业旅游成为人们最为普遍的消费方式和旅游方式，农业生态旅游业能健康持续发展。

三、观光休闲农业生态旅游开发规划的基本原则

1．生态安全原则

观光休闲农业开发规划要严格控制在农业的生态容量之内，并以此确定观光休闲农业旅游开发强度和游客人数，在开发利用方式上要体现‘天人合一”的观念，农业生态旅游区的建筑、道路等基础设施，在设计时应考虑与自然景观相协调，在施工时应尽可能地减少对农业自然环境的不良影响。

2．注重宏观与微观有机结合的原则

要根据旅游区内不同地段的农业资源环境特征和保护要求，划分不同的功能区，各功能区的保护与生态旅游开发的方式、程度应有严格的区别。制订规划时要因地制宜，处理好全局和局部的关系。在制订具体规划时要积极研究旅游区的微观环境，开发并不意味着索取，要实现以开发促进保护的良性循环，做到宏观与微观的结合。要尽量保持农业生态旅游资源的原始性和真实性，不应把城市现代化建筑移植到农业旅游区，要保证当地农民的和谐环境不受损害，提供原汁原味的“精品”与“真品”。

3．科学性原则

必须立足于技术可行，能保护好农业自然环境和旅游资源，方可进行开发建设。必须在科学规划的指导下，进行广泛的环境保护宣传，力争观光休闲农业生态旅游的价值不断增长，形成高品位的农业生态旅游。制订规划时，必须充分考虑的因素有：农业生态资源现状、特点及空间

分布；农村居民的经济、文化背景及其对旅游活动的容纳能力；旅游者的类别、兴趣及其需求；旅游活动对当地居民的生产生活及农业自然生态环境的影响。

4．观光休闲农业旅游景点布局合理化原则

观光休闲农业旅游景点的选择，原则上应考虑先开放实验区，后开放科教区，由浅入深地将农业生态保健产品、农业生态科普产品、农业生态娱乐产品等与农业生态景观相结合。旅游景点及线路规划，必须使游客的成本支出最低，时间安排紧凑、合理，又有便利的交通和住宿条件。同时，也要考虑游客的来源、年龄结构、文化层次及旅游景点的规模。

5．市场需求原则

在进行观光休闲农业旅游开发规划时，要实行准确而细化的客源市场定位，以客源市场的现实和潜在的需求为导向，去发现、挖掘、评价、筛选和开发农业自然生态资源，充分利用农业生态品牌和旅游资源优势。应抓住农业生态旅游产品开发，并且要达到比一般旅游地更高的开发水平。

6．生态效益、社会效益和经济效益相统一的原则

观光休闲农业旅游开发规划的制订，要注重生态效益，要通过农业生态资源的开发，使农业生态环境质量更高，花木得到保护，水质变得更加清洁，空气变得更加清新。同时要注重社会效益，合理的观光休闲农业旅游开发，应当能提高人们的环保意识，提倡文明的生活方式，在普及生态科学知识方面发挥积极作用。另外，开发农业生态旅游资源也应注意经济效益的提高，既包括开发者的经济效益，也包括农村居民收益的提高。

四、观光休闲农业开发机制选择

1. 政府主导

政府应在尊重农村经济发展规律的基础上，通过产业政策对观光休闲农业旅游进行倡导，制定有关农业生态旅游发展的法规和各项规章制度，对观光休闲农业发展进行规范指导，通过信息服务对观光休闲农业旅游进行引导，通过适当的行政手段对观光休闲农业旅游相关方面进行协调。应制定观光休闲农业项目管理办法和行业管理规范，对项目立项条件、申请程序、审批办法、管理制度等事宜都予以明确，从而确保观光休闲农业的有序发展。

2. 农村社区参与

使农村社区内的居民受益是观光休闲农业生态旅游的核心。通过对农村居民的宣传教育，使当地居民意识到生态旅游将给他们的社会、经济、环境带来的影响。强调居民积极参与，还可以让当地居民参与管理与经营，即在观光休闲农业旅游的开发、建筑、经营、管理以及生态资源的保护等方面，提供给当地居民优先参与的机会，让他们从观光休闲农业旅游和实际发展中受益，逐渐减少对农业自然生态资源的依赖和破坏。

3. 企业化经营

旅游管理部门应逐步脱离生态旅游经营管理的主体地

位，筹建观光休闲农业旅游开发公司，按谁投资、谁受益原则，建立开放的多元性社会化投资机制和产权清晰的现代企业，切实按照市场经济方式和现代企业制度来运作和发展观光休闲农业项目。逐步培育产权明晰、多元主体、自主经营、自负盈亏的企业，以加快观光休闲农业旅游开发，有利于农业生态旅游的健康发展。

五、观光休闲农业开发模式选择

观光休闲农业是把旅游与农业结合在一起的一种活动，它的形式和类型很多。根据国际上比较成功的德国、法国、美国、日本、荷兰等国和我国台湾省的实践，其中规模较大的主要有五种形式。

1．观光农园

在城市近郊或风景区附近开辟特色果园、菜园、茶园、花圃等，让游客采果、拔菜、赏花、采茶，享受田园乐趣。临走时，还可得到自己采摘的新鲜绿色无公害的农产品。这是国外观光农业最普遍的一种模式。

2．农业公园

按照公园的经营思路，把农业生产场所、农产品消费场所和休闲旅游场所结合为一体，可供游客观光、度假、娱乐、垂钓、烧烤、食宿、体验农民生活，了解乡土风情。较具代表性的是我国台湾省的休闲农场。

3．教育农园

这是兼顾农业生产与科普教育功能的农业经营形式，农园中种植的作物、饲养的动物、配套的农具设备及所采用的生产工艺和耕作技术等都具有较强的教育意义。较具代表性的有法国的教育农场，日本的学童农园，我国台湾的自然生态教室等。

4．租赁农园

农民将土地出租给市民种植粮食、花草、瓜果、蔬菜等，让市民体验农业生产过程，享受耕作乐趣，以休闲体验为主，而不以生产经营为目的。租用者只是节假日到农园作业，平时由土地提供者代管。

5．乡村俱乐部

选择适宜的乡村，建设形式多样的俱乐部。如在我国原来知青生活过的农村地点建设知青俱乐部，开展知青回乡游；利用水库、鱼塘、河段建设垂钓俱乐部，开展各种休闲活动。

第五节　观光休闲农业策划的思路和方法

观光休闲农业的兴起有其客观必然性。一是长期生活在城市中的人们因其紧张的生活方式和狭小的生活空间，使得他们有一种回归自然、返璞归真的强烈愿望；二是随着人们生活水平的提高、闲暇时间的增加和文化素质的提高，自然对乡村旅游形成一种时尚；三是随着农业功能的进一步拓展，使生态、社会、经济协调统一的观光休闲农业成为现代农业发展的一种高级形式。目前，我国大部分城市周边和旅游景点附近都出现了类型不同、规模不等的观光休闲农业项目或观光休闲农业区。总结各地的不同做法，观光休闲农业策划的思路和方法可以从以下几个方面入手加以建设。

一、弄清观光休闲农业策划的基本任务

观光休闲农业是利用农村景观、农业活动、农村民俗文化，通过规划和开发，为人们提供融生产、生态、生活、旅游、教育、休闲等多种功能为一体的农业旅游活动，是一种农村产业新业态，也是一种生态旅游新类型。如北京的锦绣大地、苏州未来农林大世界、成都三圣花乡等，都是我国近十年来成功开发的大规模观光休闲农业的经典案例。

观光休闲农业策划是通过创造性思维，整合农业观光休闲资源，实现资源、环境、市场与项目优化整合的创造过程。其基本任务是：在观光休闲农业规划之前，通过深度研究和创造性思维，进行准确目标定位、功能定位、市场定位、主题定位和形象定位，建立核心吸引力和核心竞争力，形成独特的农业观光休闲产品形态和营销行动计划，为观光休闲农业具体规划和单体设计奠定基础、指明方向。

二、找准观光休闲农业策划的基本思路

观光休闲农业，是根据农业自身发展状况和特色进行的一种深层次开发，其策划的指导思想是：以满足观光休闲农业的功能为出发点，按照以人为本的原则，体现人与自然和谐相处，生态、经济、社会协调发展，突出特色，培育亮点，形成规模，做出品牌，持续发展。具

体思路有五点。

1. 依托田园和生态景观

乡村田园生态景观，是现代城市居民闲暇生活的向往和旅游消费的时尚，也是观光休闲农业赖以发展的基础。因此，一是在选址上，要考虑以周边优美的农村生态景观为衬托，并与所规划的观光休闲农业项目特色相匹配；二是在规划上，要以农业田园景观和农村文化景观为铺垫，选择园林、花卉、蔬菜、水果等特色作物，高新农业技术和特色农村文化作为规划的基本元素；三是在建设上，既要对农村环境的落后面貌进行必要的改造，又要注意保护农村生态的原真性。

2. 重视休憩和体验设计

观光休闲农业的客源，主要是节假日近距离城市休憩放松的上班族；在上班时间，主要为退休人员及进行业务洽谈和会议的人员。去观光休闲农业消遣，已不仅仅是旅游观光，而是成为不少城市居民的一种生活方式。因此，策划成功的关键之一是如何处理好“静”和“动”，即养生休闲和运动休闲的关系。休憩节点的设计要“静”，“静”就是田园的恬静和农家的安详，就是要为人们提供恬静休闲的空间和场所。“动”主要是娱乐游憩或农事体验，要做到“动”的项目寓于“静”的景观之中。这样既能满足城镇居民渴望回归自然、放松身心的基本需求，又能满足城镇居民科学文化认知的需要，还能延长游憩时间、增加二次消费。

3．挖掘民俗和农耕文化

要保持观光休闲农业长期繁荣兴盛，就应该在丰富观光休闲农业的文化内涵上下功夫。深入挖掘农村民俗文化和农耕文化资源，提升观光休闲农业的文化品位，实现自然生态和人文生态的有机结合。如传统农居、家具，传统作坊、器具，民间演艺、游戏，民间楹联、匾牌，民间歌赋、传说，名人胜地、古迹，农家土菜、饮品，农耕谚语、农具等，都是观光休闲农业景观规划、项目策划和单体设计中可以开发利用的重要民间文化和农耕文化资源。

4．突出特色和主题策划

特色是观光休闲农业的核心竞争力，主题是观光休闲农业的核心吸引力。要认真摸清可开发的资源情况，分析周边观光休闲农业项目特点，巧用不同的农业生产与农村文化资源营造特色。农村资源具有地域性、季节性、景观性、生态性、知识性、文化性、传统性等特点，营造特色时都可加以利用。同时，还要根据项目特色，进行主题策划。成都市锦江区三圣乡的“五朵金花”都以市民休闲、农业观光、棋牌娱乐为主线，各村因地制宜，错位发展，一村一品，包括西南民居和现代花卉科技为特色的花乡农居，中国梅文化为内涵的幸福梅林，中国荷文化为内涵的荷塘月色，中国菊文化为内涵的东篱菊园，中国农耕文化为内涵、农事体验为特色的江家菜地。在此基础上，根据五个项目的共性和各自特色，创造性地策划出鲜明的主题形象——“五朵金花”。

三、掌握观光休闲农业策划的基本方法

1．现场踏勘及资料收集

现场踏勘和资料收集的主要内容包括气候、日照、水文、降雨量、土壤条件、地形地貌、环境污染、人口、劳动力、经济条件、交通条件、农业生物资源及重大农业产业项目、旅游资源及周边旅游项目、观光休闲农业资源及周边观光休闲农业项目，还包括所在区域城乡建设总体规划、土地利用规划、新农村建设规划、农业规划、旅游规划等。

2．现状分析与态势分析

根据上述踏勘和收集的情况，对本区域条件、观光休闲农业资源、已有的观光休闲农业、观光休闲农业发展环境进行分析和评价。分析确定观光休闲农业项目的竞争优势、竞争劣势、外部环境的机会和外部环境的威胁。根据内部的优势、缺陷以及外部环境，了解本项目面临的机会和挑战，为本项目的战略定位提供依据。

3．目标确定和战略定位

在调查、分析、综合的基础上，提出发展定位和发展目标。发展定位包括功能定位、发展方向、形象定位、主题策划、市场定位、目标客源定位。功能定位就是围绕“吃、住、行、游、购、娱”旅游六要素，结合农业观光休闲方式，确定主体功能，如休闲娱乐型、观光观赏型、农事体验型、疗养度假型、民俗节庆型、会议餐饮型等；形象定位就是根据项目的特点，导入人们熟知的人文、生态、生物、科技的形象概念，提出独特、清晰、引人入胜

的主题；市场定位就是分析确定目标市场和目标客源，并按照功能区、营销时序、客源类别构造三维营销战略框架；发展目标定位就是某一发展时期及其分时段的游客量、销售额、利润等目标。

4．分区策划和单体设置

大规模观光休闲农业要进行功能分区。功能分区要根据农业生产布局、资源分布和游客观光休闲的要求确定。每个功能区要有一个形象定位，确定一个主题，同时要对每个功能区的重要单体进行策划，对标志性单体如雕塑小品、园艺、建筑、牌坊等进行初步设计。观光休闲农业在策划阶段要绘制功能区布局图，最好附有标志性单体效果图。

5．营销策划和节事安排

营销策划包括品牌策划、宣传策划、促销策划等。促销策划包括促销策略、节事等促销活动的安排，针对不同目标市场和目标客源的具体促销方案等。节事活动往往是推广观光休闲农业产品、招商引资的重要形式，是吸引旅游者、树立旅游形象、提高知名度、增加客源的重要手段。节事活动要围绕主题开展，表现形式要活泼。实行市场化运作，将节事活动与观光休闲农业推广、农产品销售、企业宣传和冠名结合起来。如桃花节、葡萄节、龙舟赛等。观光休闲农业策划内容还包括融资策划、招商策划、管理策划、保障策划等。

通过以上几个方面的详细研究，最终形成适合当地特色的观光休闲农业策划方案。

第五章　生态农业科技园

第一节　农业科技园

农业科技园是社会经济和科学技术水平发展到一定阶段的产物，是一种以现代农业科技成果的组装、集成与示范、推广为手段，通过土地、资本、技术、人才的高度集中与高效管理，促进传统农业向现代农业的根本性转变，大幅度提高农业整体效益、可持续发展能力、农业和农产品国际竞争力的新型组织形式。

其主要功能包括以下八个方面。

一、农业科技体制及运行机制创新功能

提高农业生产水平，增强农业经济竞争力，需要农业科技自主创新能力及成果的支持。农业科技园区就是一个体制创新的产物，通过机制创新，支持农业科技研究与开发的不断创新，同时探索现代农业新的生产模式、新的运行机制、新的管理方式，为推进现代农业、农村经济的发展提供可靠依据和有效途径。

二、精品生产、加工功能

农业科技园的本质是经济实体，产品生产是其基本功能。但不是一般的农产品，而是最新品种、最好技术培育和加工出来的优质精品，以满足国内外日益提高的消费需要。同时，这类科技含量高的农业商品进入市场，将增强国内产品对已经大举进入的国外同类产品的竞争力，并在国际市场上占有一席之地。

三、示范推广功能

高新技术武装的现代农业，是我国农业发展史上的历史性变革，投入这场变革的主体仍然是广大农民。我国现阶段大多数农民文化素质较低、科技意识还较淡薄，承担风险的能力较弱。针对这个基本国情，农业新技术推广的一个重要方法是现场示范，农民亲眼看到好才能认可应用。农业科技园这种现代事物的出现，对提高农民对科技威力和现代农业的认识将发挥有效的示范作用。

四、辐射带动功能

事物的发展，由低级到高级，由传统到创新，由部分到整体，要有适应生产力发展的先进的因素来带动。农业科技园这个生长点的制高点，就具有带动农村生产力发展、农业新技术应用和农业现代化建设的作用。带动作用主要体现在：一是通过园区和种苗繁育中心，带动名优品种普及推广；二是通过园区现场与理论结合的技术培训，带动广大农民素质和应用新技术水平的提高；三是农产品加工和农业高新技术在园区的产业化，可成为带动当地农户种植业、养殖业和加工业发展的龙头。

五、展示教育功能

通过园区农业先进适用技术和标准化生产模式的展示，提高农民对现代农业的认识，增强农民学科学、用科学、依靠科学增收致富奔小康的信心。同时为前来的参观考察者、青年学生提供看得见、摸得着的现代农业科普教育，使他们了解农业、关心农业、参与农业现代化建设。

六、休闲观光功能

都市农业中的现代农业科技园区，既保持农业的自然属性，又具有农业新型设施的现代气息，加上园林化整体设计和长年生长的名特优果蔬、花卉、珍禽、名鱼装点其间，争奇斗艳，形成融科学性、艺术性、文化性为一体的人地合一的现代休闲观光景点，成为城市综合体的有机组成部分。

七、龙头企业孵化、培育功能

园区将推动科技体制改革的进一步深化，支持其技术成果的产权化（实现专利、品种权等知识产权）、资产化、产业化，孵化出具有自主创新能力的科技型农业龙头企业。同时，积极吸引多元化的企业入园，通过政府引导、专家指导、企业运作，提高企业的科技创新能力及产品的科技含量，不断培育出具有国际市场地位的品牌农产品，以及具有国际竞争力的农业企业集团。

八、农业科技、市场信息服务功能

园区建设将汇集技术市场等各种信息，并通过互联网等各种渠道，将这些信息进行扩散和传播，进而加速农业和农村信息化进程。这对由于信息不对称给农村经济发展、农民生产经营带来的制约以至损害将有极大地改善，可有力地支持农业现代化发展及农村社会进步。

第二节　国外农业科技园的种类

国外农业科技园区的基本主题，都是以先进的农业设施和高新技术向农民、学生及游人展示新的生产模式。农业科技示范现已成为国外农业方兴未艾的发展趋势，类型有如下几种。

一、示范农场

以推广先进技术为主体的试验示范基地模式。如以色列从20世纪70年代以来，通过科研单位和生产基地的结合，针对干旱和沙漠化的生产条件，建立了多个以沙漠农业和节水农业为主体的试验示范农场，并通过创办专门的基金支持试验示范农场的建设与运营。

二、假日农场

以农业新技术、新品种、农事活动的展示示范和农业休闲为主要内容，把观光旅游与农业结合为一体，让游人在体验农事中享受休闲、观赏的乐趣，达到寓教于乐的目的。假日农场的种类很多，最主要的有四种。

1. 观光农园

在城市近郊或风景区附近开辟特色果园、菜园、茶园、花圃等，让游客自己摘果、种菜、赏花、采茶，享受田园乐趣。

2. 农业公园

按照公园的经营思路，把农业生产场所、农产品消费场所和休闲旅游场所结合为一体。例如日本有一个葡萄公园，将观赏、采摘、制品品尝，以及与葡萄有关的品评、绘画、写作、摄影等活动融为一体。

3. 教育农园

教育农园是兼顾农业生产与科普教育功能的农业经营农园，即利用农园中所种植的作物、饲养的动物以及配备的设施，进行农业科技示范和生态农业示范，向游客传授农业知识。具代表性的有法国的教育农场、日本的学童农园等。

4. 森林公园

以林为主，具有多变的地形、开阔的林地和山谷、奇石、溪流等多景观的大农业复合生态群体。在树种结构上，针叶林、阔叶林与果树相结合；在土地资源利用和空间布局上，林、果、鱼、菜、花相结合。以森林风光与其他自然景观为主体，配套一定的服务设施、必要的景观建筑，在适当位置建狩猎场、游泳池、垂钓区、露营地、野炊区等，是人们回归自然的理想场所。

三、试验农场

在美国，农业部属下有59个农业试验站，是国家庞大的农业科技教育、研究和推广协作网中的一部分。它依托州立农学院，紧紧围绕农业开发的迫切需要，开展科学研究、技术培训和推广工作。其基本运行经费由国家财政拨款支持。如衣阿华州立大学的试验站土地，一般由当地的非赢利农场协会与商人提供一些靠近试验站的田地，供作试验或出租给试验站，试验站的部分研究成本来自出售农产品的收入。

第三节　我国农业科技园区建设的现状

农业科技园是近年来我国农业发展中出现的新的经济现象，它的建设，为解决当前我国农业发展中面临的质量差与效益低的主要矛盾提供了新的思路。而解决农业发展面临的质量差与效益低这一主要矛盾的关键，是促使我国农业由资源为依托的数量型农业，向以科技为依托的效益型农业转化，利用现代科技改造传统农业，实现传统农业向现代农业的转变。其有效的途径，是国家宏观政策引导和加强农业科技示范。因而，加快农业科技园的建设，已成为新时期我国农业科技发展进步的战略选择。经各地实践证明，农业科技园在加快农业现代化建设、促进农业结构调整、实现农业产业化经营、增加农民收入等方面都作出了积极贡献。

一、我国农业科技园发展历史与现状

我国农业科技园从1994年兴建以来，发展非常迅速，已经成为推动我国农业科技进步的一个重要力量，在利用高新技术改造传统农业、推进农业产业化经营方面发挥了重要作用。

1．起步阶段（1994—1996年）

1994年，我国在上海孙桥镇建立了以引进荷兰全套高档设施和工厂化生产技术为主体的第一个具有现代化意义的农业科技园区——“孙桥现代农业示范区”。同年，在北京建立了以展示以色列设施农业和节水技术为主体的“中以示范农场”。这两个农业科技园，通过全套引进的温室设施、优质品种、高效栽培技术到计算机管理等全方位设施农业的展示和示范，吸引全国各地数万人前往参观学习。自此，在我国形成了一股以发展设施农业技术为主要内容的农业科技园建设热潮。据农业部科技司调查统计，到1996年底，我国农业科技园区总数已超过400个，其中省级、地（市）级农业科技园区各为42个和362个。这一阶段的农业科技园以示范、生产为主要功能，引进国外先进设施和特种蔬菜、瓜果、花卉种植，其产品替代了部分进口产品。但由于只是单纯的引进技术和设施，缺乏理论指导、技术创新和政策引导，有较大的盲目性。因此，起步阶段的农业科技园有较好的社会效益（示范功能的体现），但其结构功能单一，技术创新能力很弱，没有较完备的建设发展机制，经济效益和生态效益不高。

2．提高阶段（1997—2001年）

第二阶段始于1997年，国家科技部为加速我国农村经济发展，实现农村经济增长方式由分散、粗放向集约、高效转变，加速农业产业化进程，首批推出工厂化高效农业示范工程项目，分别在北京、上海、沈阳、杭州、广州建设国家工厂化农业示范区，主要由2500亩技术示范核心区、1万亩应用示范区和10万亩延伸辐射区组成。这个阶段的标志性进展，是我国于1997年7月建立了唯一的国家级的杨凌国家农业高新技术产业示范区。其目的是发挥高新技术产业示范区的聚集效应，重点围绕加速农业科技成果产业化开发，探寻加速农业高新技术创新、推广和产业化的路径、机制与模式，提升优势产业的素质和竞争力，增强示范带动作用。这一阶段，随着我国市场经济体制的逐步完善，农业科技园在国家的宏观政策引导下，发展趋于规范化和高效化，大大提高了经济效益、社会效益和农业技术创新功能。以北京锦绣大地农业股份有限公司、广东温氏食品集团公司为代表的民营企业也涌入了开发建设农业科技园区的行列，并取得了很好的经济和社会效益。

3．发展成熟阶段（2002—2009年）

2001年9月和2002年5月，国家科技部联合农业部、水利部等部门批准了北京、天津、太原、哈尔滨、上海、南昌、武汉、广州、重庆、四川、贵阳、拉萨、西宁、新疆生产建设兵团等地区的36个农业科技园区为“国家级农业科技园区”，并以此为契机，推动了农业科技园区的快速健康发展。通过园区的载体作用，一大批农业高新技术成果得到了转化，大量高新技术和实用技术得到了推广，促进了农业科技水平的提高和农业结构的战略性调整。已建成的36个国家级农业科技园区，其中东部地区15个、中部地区8个、西部地区13个，形成了比较合理的区域布局。

这一阶段农业科技园的发展特点主要表现为四个方面。一是建立了多渠道、多层次、多元化的投资融资体系。据科技部园区办公室统计，2002年国家农业科技园区各项投资总额达113.6亿元，其中政府投资占12%，企业投资占66%，外商投资占7%，自筹资金占15%。二是通过农业科技园的孵化作用，一大批农业科技企业已入住园区，带动了所在地区农业产业化经营和农民增收。截至2002年底，国家农业科技园区孵化农业科技企业818家，其中内资企业610家、外资企业33家、合资企业3家、其他企业145家。三是农业科技园区作为农业技术组装集成、科技成果转化和高新技术示范推广的有效载体，发挥了明显的示范引导作用。截至2002年底，国家农业科技园区共引进项目427个，自主开发项目363个，引进新技术474项、新品种3135个、新设施1114套，推广新技术820项。四是强化了技术培训，带动了农民增收。2002年国家农业科技园区共组织科普讲座与座谈1204次，参加人员超过20万人次；开展各类技术培训和举办培训班4018次，参加人数超过31万人次，吸纳就业人数3.3万人，带动周边地区266万农民致富，园区所在地农民人均纯收入已达4124.2元。

农业科技园区作为一种新生事物，其建设和发展的时间较短，加上农业技术本身的弱势性和农业高新技术的高风险性，农业科技园在发展中遇到了一系列的困难和问题。例如，园区建设普遍存在缺乏资金、人才和配套的扶持政策，自主创新能力不强；在农业科技园的发展中，缺乏科学指导，盲目地开发建设，造成农业科技园“遍地开花果不实”的局面；在观念上存在一些误区，比如重“洋”轻“土”、重引进轻开发、重展示轻效益等。

二、当前农业科技园发展的动力

农业科技园作为一种与农业密切相关的特殊的经济活动地域空间，其成长和发展是多方面力量物化的表现和综合作用的结果。总体来讲，我国农业科技园的时空发展特征的主要动力可归纳为政策作用力、市场作用力、技术创新和扩散的驱动力以及制度的激励。四者之间的相互作用构成了农业科技园增长和发展的动力机制。

1. 政策作用力——农业科技园建设的初始动力

农业技术不是纯粹的私人物品，而是具有公共物品或准公共物品的性质。因此，农业技术的创新和农业的发展离不开政府的大力支持。虽然在市场经济条件下资源配置的主体应该是市场而不是政府，但由于农业高新技术产业本身所具有的高投入、高风险，以及公共物品的属性、外部性和空间性的特征，政府为农业高新技术产业的发展提供了有利的政策环境，对于弥补其本身的市场供给不足是十分必要的，而农业科技园则正是我国政府为推进农业现代化进程而设立的一种特殊的政策空间。美国、以色列等国现代化农场的发展，无不都是在政府的政策驱动下发展起来。因此，政府在农业科技园的开发建设中具有重要的地位和作用，政府的政策安排是农业科技园区外部激励系统的重要构成部分。政策对农业科技园的驱动主要体现在：从宏观上对农业科技园进行统一规划，使其合理布局；制定优越的投融资政策；给予农业科技园相对独立的经济管理权和行政管理权；对进入园区的企业、开发项目给予税收和土地优惠政策。此外，国家对农业技术的重点投资也在推动着农业科技园的发展。

2. 市场作用力——农业科技园经济增长的主要推动力

农业科技园是从事农业经济活动的企业集聚空间，而企业注重的是经济效益，关注的是投入和产出之间的关系。农业科技园的管理机构在立项过程中，把土地、资金、技术、劳动力等生产要素纳入决策体系，在市场机制作用下，实现各种生产要素在空间上的重组。对农业企业而言，在农业科技园投资有很多优势。首先是明显的区位优势。农业科技园区分别设在沿海开放城市郊区、省会城市近郊、农业地区经济中心城市等，对外联系非常方便，便于要素的进出。其次是具有健全的基础设施和农业经济发展的支撑体系。农业科技园所在地区经济发达、农业基础雄厚、农业科技发达，对农业科技园的快速发展起到了良好的支撑作用。园区与农业科研院所及农业大学的结合，使其具有人才、技术等方面的优势。此外，园区所具有的新机制、新技术、新产业特征，对企业有很大的吸引力。比如，陕西杨凌农业示范区自成立以来，就以其特有的优势，迅速发展起来。截至2004年底，杨凌农业示范区注册入区的各类企业760家，注册资本达到43亿元。其中，注册资本在5000万元以上的规模企业26家，占到入区企业总数的3.42%；股份制高科技企业55家，占到入区企业总数的7.24%；民营科技型企业57户，占到入区企业总数的7.50%。2004年，杨凌农业示范区年销售收入在1000万元以上的企业就达20家。

3．技术创新和扩散——农业科技园发展的核心动力

现代农业需要强大和先进的科学技术为支撑和后盾。目前，我国的农业与世界先进水平有很大差距，农业科技转化率低，现有农业科技成果转化率仅为30%，水平不到发达国家的一半。因此，我国农业现代化的发展迫切需要将农业科技成果有效地转化为生产力。首先，农业具有分散性和受地域差异影响的特点，农业高新技术很难直接进入大量规模小、分散性强、经济力量薄弱的经营者——农户之中，因而需要一个农业科技示范基地，把高新技术成果引入到农业科技示范基地转化和示范，并向周边地区扩散传播。其次，农业高新技术转化为现实生产力，农民的接受与否是关键。而农业科技园通过其示范作用，让广大农民亲眼见到农业高新技术的巨大经济效益，从而自愿接受农业高新技术。此外，农业高新技术的高投入、高风险不是单个农民所能承受的，因此在客观上需要一个农业高新技术的试验和转化基地，而农业科技园正是适应这一需要产生和发展起来的。以杨凌农业示范区为例，它以其独特的技术扩散推广模式，在技术推广方面取得了明显的成效。1997年，杨凌农业示范区的科技成果转化78项，

2000年为190项；1997年的科技成果推广98项，2001年为206项；1997年至2001年，科技推广面积从1458万亩上升到2032万亩，推广效益从16.7亿元增加到25.5亿元；2004年，示范区在省内外新建农业科技示范推广基地13个，区外示范基地累计达到129个，对外示范辐射效益达到120亿元。

4．制度激励——农业科技园发展的保障

在现代化生产的诸要素中，人力资本扮演着最为关键的角色。因此，科技园区发展的决定性因素除了资金、人力资本、技术等生产性要素的数量之外，更重要的是能够发挥人力资本潜能的制度安排。农业科技园区的建设同样需要有利于发挥人力资本的积极性和创造力的制度作保证。制度的保障作用主要体现在建立现代企业制度，以保证园区以企业为运作主体，使园区依靠市场机制和经济手段去配置资源，培育产业。园区运行的投融资机制、人才激励制度、技术支撑机制和土地流转机制的完善和健全，可有力地促进园区迅速健康发展。同时，先进的制度在营造良好的园区社会文化环境方面亦有很强的推动作用。

农业科技园的发展离不开上述几种力量的综合作用，也只有各种力量的综合才能实现园区的良性循环和有序发展。从我国农业科技园的发展过程来看，农业科技园从一开始就具有很强的市场导向作用，随后政策作用力逐渐加强。而农业科技园进一步的发展动力则来源于农业技术的创新和扩散，这种创新和扩散成为园区持续发展的核心动力。制度则是其他作用力高效运行的保证。从今后的发展趋势来看，政策所起的作用力将逐渐弱化，而市场作用力

和农业技术创新和扩散的作用力将不断被强化。发展农业科技园不能仅着力于营造某一种作用力，如果只依靠某些优惠政策，最终只能使农业科技园成为“遍地开花果不实”的“盆景工程”；或者农业科技园所在地虽已成为区域农业发展的中心，但如果缺少技术扩散的能力，发达的地区也会逐渐衰落。

第四节　我国农业科技园区的运作模式

我国的农业科技园，自1994年首次在北京建立了以展示以色列农业和节水技术为主体的示范农场，上海建立了以引进荷兰全套玻璃温室和工厂生产技术为主体的孙桥现代农业科技园区以来，经过十多年的努力、创新，目前已形成了具有中国特色的农业科技园。如潍坊模式（企业化模式）、顺义模式（政府+企业模式）、唐河模式（院地联营型运行模式）、许昌模式（高效农业示范园运行模式）、锦绣大地模式和温氏模式（公司+农户模式）、珠海模式（外向型高科技农业园区）、上海孙桥模式（工厂化农业园区运行模式）、甘肃张掖模式（持续高效农业科技园运行模式）、安徽芜湖模式等，为促进我国农业科技园区的进一步发展，起到了明显的推动作用。它既适宜都市农业的发展，又适宜山区农业的发展。各地的建设模式及特点，选择三种归纳如下。

1. 企业化模式（潍坊模式）

该模式又称农业高新技术走廊运行模式。有4条高新技术走廊，总长达250公里，集中了272个农业科技示范园区，面积达12万公顷，形成了农业综合开发、节水灌溉等各类项目区和示范区，对促进区域经济的发展起到了重要作用。该模式主要有以下特点。

（1）以商业示范农场、生物工程中心和进口及国产现代化温室为技术示范载体。工厂化农业技术、节水灌溉技术、作物种苗生产技术、作物病虫害防治技术等农业高新技术在“走廊”得到广泛应用。

（2）“走廊”内的一个农业科技园就是一家专业公司，园区的生产、产品销售等由公司统一管理，实行完善的企业化经营。

（3）“走廊”内除了优质蔬菜、高档花卉和瓜果等精品农产品生产外，还涵盖了农产品加工、作物种苗生产及农业生产资料服务，提高了各园区专业化生产水平。根据市场需要组织生产，注重特色农产品生产。

2. 政府＋企业模式（顺义模式）

该模式是指政府投资建设了农业科技园区的基础设施（水、电、路）后，逐步退出园区的管理，交给园区管委会代行管理，由园区管委会负责招商引资、物业服务及各方关系的协调，向社会公开招租，引入企业进行功能区建设、项目承包和管理。企业根据其承包责任的大小等内容，一方面向有关部门缴纳一定的园区使用租金；另一方面又与承包范围内的农民挂钩，与农民签订农产品购销合同，通过合同形式组织农民进行生产。该模式主要有以下特点。

（1）政府是农业科技园区基本建设的投入主体。从1998年示范区开始建设到1999年底，仅两年时间，除国家拨款外，地方各级政府提供配套资金和自筹资金，用于示范区固定资产的购置和基础设施建设。

（2）企业是园区运行的主体。示范区在基础设施建设基本完成后，根据产业化发展思路和需要，按建设内容引入企业进行农业产业化经营，企业根据与政府签订的承包经营合同，在规定的区域内从事农业高新技术推广、研究和示范，并交纳管理费和税收等。

（3）实行政府“搭台不唱戏，献策不决策，参与不干预，服务不增负”。

（4）以促进科技成果转化为中心，发挥园区的孵化器作用。

（5）扶持、培育龙头企业，带动周边地区农民致富。通过农业技术园区建设，园区内耕地年均产值每亩达到5526元，1999年农民人均纯收入达到4800元。

3．示范户发酵模式（芜湖模式）

该模式是按照农业产业化经营的要求，建立政府引导、资金投入、科技扶持、司法介入、奖罚挂钩的机制。目的是以农业科技示范项目为切入点，在充分尊重农民经营自主权，发挥农民主体作用的基础上，采取有效的组织形式及多元化的投入机制，加快农业产业化进程，增加了农民的收入。自1999年开始启动实施了“选择一批农业致富示范户作为‘酵母’（科技农业示范户），通过引导、服务和激励产生扩张效应，示范带动和辐射周边农户调整农业结构”为主要内容的“酵母”模式，到2001年已取得了明显效果，共扶持农业科技示范园区952个，带动农户1.2万户，开发名、特、优、新农产品300余种，获得了较好的经济效益。该模式主要有以下特点。

（1）农业科技示范户具有典型的代表性，其经营的项目符合当地农业发展需要。首先，以县农业产业化指导委员会的名义，向全县农户发出通知，明确农户凡有一定科技含量和生产经营能力，有较好市场前景和预期经济效益的项目均可申报农业科技示范户。申报后，经专家评审，由县人大和纪检机关监督，根据评审结果确定示范户和示范项目。以这种方式选出来的示范户和示范项目具有典型代表性，能够起到示范带动作用。

（2）以科技示范户作为农业产业化经营的主体。每个科技示范户在农业科技园区承包一个示范项目，对周围农户起到辐射作用。带动辐射效应大的大奖励，带动辐射效应小的小奖励，没有带动辐射效应的取消农业科技示范户资格，收回扶持资金。在农民自身求富心理、荣辱意识和利益驱动等多重作用下，起到了以点带线，以线带面的扩散效应。

（3）健全完善了多元化的投资渠道，解决了农业投入的“瓶颈”问题。“酵母工程”以政府导向性资金支持与农民自筹资金参与，最大限度地把广大农民手中待消费的资金转化为生产力，投入到农业产业化经营和农业科技项目中，形成了多元化的投资渠道。仅1999—2001年，县、乡两级财政投入260万元用于启动“酵母工程”，在

"酵母"资金的带动下，全县三批示范户所实施的项目新增投资累计4720多万元，县农业信贷部门累计为示范户贷款1338万元。这种多元化的投入机制为缓解长期以来农业投资不足的问题，找到了一条既符合经济规律又符合农村实际的新路子。芜湖"酵母工程"的实施，产生了良好的经济效益，至2001年，三批示范户累计带动周边农户1.2万户，辐射带动2万户。示范户每户年新增收入2～5万元，带动农户每户年增加纯收入3000～5000元，有效地增加了农民收入，推进了该县农业产业化进程。

第五节　农业科技园区发展中应注意的问题

我国农业科技园已经得到了十分迅速和健康的发展，但是应该看到，在发展的过程中，还存在着一些问题需要认真对待。

一、当前农业科技园区发展中存在的问题

1. 设计和建设脱离实际，功能定位不够准确

表现为没有根据当地的土壤、气候条件、生态类型、区位优势、农业主导产业和技术优势等进行选项布局；建设和示范内容过多，重点不突出，没有自身特色，存在着贪大求洋、过分强调引进"高精尖"和资金密集型项目等问题，与当地实际情况差异较大，且缺乏相应的技术和管理人员，导致园区建设内容重复，产业结构趋同。忽视了传统农业技术的改造创新，园区的技术示范与农业、农民急需的产业化技术脱节，园区的示范、推广等作用难以表

现出来等。

2. 运行机制不完善

园区农业科技企业的内部管理制度与运行机制落后。有的园区采取股份公司的形式，有董事会和总经理；有的是政府各部委组建一个班子，如管委会。但即使是采取了股份公司的形式，其总经理或董事长也多为政府部门的编制或全额事业单位的，与政府有着千丝万缕的联系。因此，园区的运行和管理不可避免地带有行政色彩，大部分企业还没有建立起规范的、责权利明晰的现代企业管理制度。政府虽拥有自己可以夸耀的示范基地，但分明是在搞形象工程、政绩工程，政府以自己强力手段所做的一切，对农民而言，根本无从效仿，更起不到任何示范的作用。

同时，存在利益分配和土地流转机制问题。

（1）园区与当地老百姓的关系问题。第一，土地问题。如果当地的农民除了种地之外很少有其他的就业机会的话，老百姓无地可种，一是导致劳动力闲置，无所事事，造成人员浪费。二是农民没有了安全感。土地作为农民赖以生存和生活的保障，在经济不太发达的地区，体现得尤为明显。在经济发达地区，农民多从事第三产业，土地已不再是生活的主要来源，甚至成为无足轻重的时候，这个问题就不明显。第二，用工问题。园区本身是属于技术密集型的，因而用工相对较少，再加上园区对劳动力的素质有一定的要求，因此，很难保证每个农民都能得到工作机会。

（2）园区与当地政府的关系问题。园区的发展，需要长期的投资和不断建设。园区的水、电、气以及网络建设等都需要与当地政府协调，需要当地政府的同意和支持，因此不可避免的会产生摩擦。

（3）当地政府希望园区在用工方面，多雇佣当地的农民。比如园区的基础设施建设，当地政府和农民都希望园区将工程发包给本地老百姓，而园区因为工程质量要求等原因，更愿意将工程承包给较大规模的正规的工程队。

3．资金不足，使用分散，来源单一

当前农业科技园区建设资金主要来源于地方财政支持、金融部门贷款，个人、企业等非政府机构投资少，多元化格局还未形成，无法满足高新技术产业开发的基本要求。不少园区名不符实，企业化解和规避市场风险的机制发育不全。这与长期的计划经济体制的大环境和几千年官本位的行政式推广有很大的关系。农业科技示范园区，特别是其中的高科技项目建设要求高，一次性投资较大，虽然各地通过多渠道来筹集建设资金，但投入力度仍然较小，科技投入不大。当前农业科技园区建设资金主要来源于地方财政支持、金融部门贷款，企业投资很少，无法满足高新技术产业开发的基本要求。以致有些园区虽冠以“科技园区”的名称，但科技含量较低，实际上名不符实。

4．经济效益低，部分园区亏损严重

“重展示、轻实效，重建设、轻管理，重硬件、轻软件”现象，导致园区的经济效益普遍不高，甚至亏损严重，其社会效益也没有得到很好地发挥。到目前，真正能获得良好经济效益的园区很少，需要政府不断拨款来维持运转，成了形象工程，缺少实际内容。建园时搞得轰轰烈烈，但建成后，管理机制等软件设施跟不上。“雷声大、雨点小”，农业科技园区没有发挥它应有的作用。

5．科技支撑体系不健全，科技创新意识薄弱

首先，园区企业自身的科技创新能力不强。究其原因，有的是因为科研人才缺乏，有的是因为资金不足，还有的是因为经营者缺乏科技创新意识，担心引进科技成果的费用太高，不愿花费代价从科技单位转让和引进科技成果。其次，农业大专院校和科研单位与农业科技园区在人才、智力交流与合作开发成果方面的畅通渠道还不完善。由于这两方面的原因，农业科技园区难以成为高新技术转化为农业生产力的孵化器。

目前，各地农业科技园区普遍存在农业科技人才数量少、技术结构不合理的现象，不能适应高科技农业发展的要求。具体表现为：一是缺少园林、果蔬、畜牧、水产和加工的专业人才；二是缺乏农业高科技人才，如生物组培植繁殖技术、无土栽培技术、计算机应用技术等；三是缺乏善于经营管理的人才；四是缺乏农业信息方面的人才。

二、农业科技园区健康发展的对策

当前我国正处在由传统农业向现代农业转变的关键时期，加快农业科技园区建设，对于促进高新技术成果向现实农业生产力转化，推进农业产业结构调整，提高农业整体效益，增加农民收入，改善生态环境，实现农业由数量型向质量型的转变，能起到有效的推动作用。

1．制订符合实际的总体规划，合理定位园区功能

农业科技园区的功能定位，一般有以下几种：新品种引进培育基地、新技术示范基地、农民技术培训基地、农业对外开发和招商引资的窗口以及特色旅游观光园区。虽然园区在区位条件、气候条件以及所处地区的经济、社会等各方面条件不同，园区本身也存在功能差异，但园区的发展要把握住根本。

（1）搞好示范引导。要以市场为导向，以效益为中心，积极引进发展潜力大、市场前景好的名、特、优、稀品种。让新产品、新技术先在园区试验，然后推广，使园区成为科技与市场、农民相连接的桥梁，为推进经济科技一体化创造条件。

（2）坚持为农民服务。一方面，搞好信息服务，成为农业科技信息的发布中心和交流中心，及时向农民提供产前、产中和产后各环节的信息和服务。另一方面，搞好科技培训。

（3）搞好龙头带动。农业科技园区应办成“内联农户、外联市场”的龙头，积极与各地的生产加工企业建立联系，为农民提供产前、产中、产后全方位的服务，推动当地的农业产业化经营。

在农业科技园区的规划建设过程中，应坚持以下原则：一是确定重点突破，避免园区雷同的重复建设，坚持“有所为，有所不为”；二是发挥区域优势，充分认清当

地农业生产结构特点和区域发展格局；三是要注意协调与当地政府和农民的关系。

2．坚持企业化运行管理机制

运行机制是农业科技园区建设成效的关键。园区建设应按照市场经济规律和农业科技开发的要求，充分发挥市场机制的基础调节作用，多形式、多层次搞活园区建设机制，增强园区建设的生命力。

在运行机制上，应大胆借鉴现代企业管理经验，进行公司运行制、投资业主制、科技承包制、联结农户合同制的试点。政府应从园区的主办者逐渐变成园区建设的指导者和监督者。

在利益分配上，按照“谁投资、谁建设、谁受益”的原则，依法保护各类园区，尤其是民营科技园区的合法权益。同时，采取有效措施积极发展民间兴办和民办官助类型的农业科技园区，以调动社会各个层次兴办农业科技园区的积极性。

在技术引进和人才聘用制度上，重视知识产权保护，鼓励高等院校、科研院所及成果持有者以技术成果入股等方式，投入园区建设；鼓励科技人员到园区领办、合办企业；采用高工资、高津贴、公开招聘等手段，吸引高科技人才入园。

在龙头企业的建设上，各园区应结合自己的资金、产业化水平等实际情况，大力培植相关企业，生产具有自己特色的优质农产品。同时，采取一系列优惠政策，扶植自己的龙头企业，并通过其带动作用，逐步实现优质农产品生产的产业化。

3．建立多元化的投资机制

某种程度上，园区具有公共物品的属性。因此，政府投资启动、企业化运作，管理是合理、高效的。投入不足是农业高新技术发展的主要制约因素，政府的初期扶持是园区发展的重要保证。在政府不断加大农业科技投入的同时，要积极吸引社会各界，特别是众多企业的广泛参与，逐步实现园区的自身积累和自我发展，摆脱对政府投入的依赖。吸引企业与科研单位进行科技合作，可采取股份制、联营、合作等方式积极筹措建设资金。

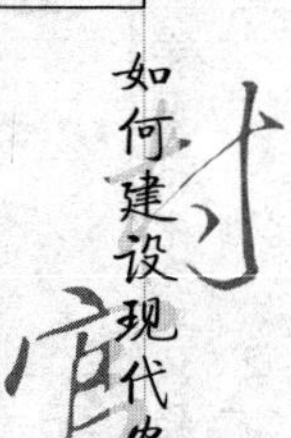

另外，建议设立“农业高科技风险投资开发基金”，建立高科技发展融资机制。雄厚的资金支持和健全的资金市场，是发展高新技术产业的重要前提条件。成立风险投资开发基金，完善高科技发展的融资机制，是世界发达国家发展高新技术的重要经验，也是现阶段加速农业高新技术产业发展的有效途径。通过基金的设立和融资机制的完善，培育资本市场，鼓励和引导科技人员以市场为导向，积极参与国内外竞争，提高科技成果的成熟度，加速技术突破和产业化发展。

4．创造灵活的经营机制

农业科技园区的经营方式可采用多种形式。园区生产可以实行以家庭承包经营为基础，统一规划、统一品种、统一育苗、统一技术、统一品牌、统一销售，分户经营、面向市场的统分结合的双层经营机制，实现生产、加工、销售等多个环节的衔接配套。事实证明，以家庭经营为基础，以农民为投资主体的经营机制，是园区良性发展的保证。以农民为投资经营主体，以经济利益为纽带，把农户与园区发展紧密结合在一起，有效地调动了农民的积极性，利于农民精心管理，专一经营。同时，园区公司以面向市场、实体经营的企业机制来管理，既让农户得到收入，又壮大了公司实力，也保证了园区的发展。

5．建立稳固的技术依托机制，加强园区人才培养，增强技术创新能力

鼓励农业院校和科研院所积极参与农业科技园的建设，建立稳固的技术依托机制。农业科技园区的建设与发展，离不开农业大专院校和科研机构的支持与合作，同时，农业院校和科研院所也需要将自己的科研成果转化和推广。有必要农、科、教，产、学、研相结合进行开发，走产学研一体化的道路。鼓励科技人员采用技术参股、资金入股等方式，积极投身到农业科技园建设中去，既为科技创新服务，也为自身改革发展探索新的道路。

科研和引进创新相结合。大力引进国外高新技术，加快高科技农业产业化的发展进程。我国农业高新技术的应用和研制跟发达国家相比，还有不小的距离，农业科技成果的转化率比发达国家低近一半，因而引进国外高新技术和优良品种等对发展我国高科技农业产业化有着极为重要的意义。

在推进农村科技示范和产业化示范方面，要积极采取措施推进技术创新。

（1）重视研发经费的投入，建立农业高新技术产业发展基金，每年从财政收入中拿出一部分资金扶持农业高新技术企业的科研开发、成果转化和产业化发展，以起到积极的导向和促进作用。

（2）进一步完善技术创新服务体系，建立权威的信息、咨询、评估、监管和担保机构，切实有效地推进农业技术创新工作。

（3）重视人才培养。一方面，要引进人才，营造吸引人才的生活环境，以切实吸引优秀人才。对特殊人才实行特殊政策，在科研开发、自主创业方面给予大力支持。另一方面，还要采用多渠道培育方式，培养农业科技园人才，提高农业科技园的整体素质。

（4）设立多种奖励资金以鼓励企业、科研人员创新，提高竞争能力。

第六章 农村专业合作社与经纪人

第一节 农村专业合作社

一、农村专业合作社的定义及其内涵

农村专业合作社，特指在农村不改变现有生产方式和生产资料所有制关系的前提下，同类农产品的生产者或经营者，为适应市场农业发展的需要，以为社员提供某一环节或一体化服务为宗旨，主要在流通领域按合作社原则组织起来的专业性经济组织。其内涵包括以下几方面。

（1）农村专业合作社是一种农村合作经济组织，它是以专业农民为合作主体，按照合作社原则建立起来的群众性组织。农村专业合作社作为农村合作经济组织的一种重要形式，当然也要按照现代合作社原则办事。

（2）农村专业合作社服务领域比较广泛，即服务贯穿产前、产中和产后环节。

（3）农村专业合作社是专业农户为适应市场农业发展的需要而建立起来的。随着农村生产力水平的提高，农业专业化、市场化和社会化程度的增强，而专业农户分散

经营的“小生产”远远不能适应国内外两个“大市场”的要求，他们要在“小生产”与“大市场”矛盾中摆脱被剥夺的境地，就必须组建能够体现自己意志的专业性合作经济组织。实践中，从事农业专业生产经营的农户，正是由于这种利益驱动才组建了忠实于自己的专业合作社。

（4）农村专业合作社的建立和发展，不改变现有的农业生产方式。近几年在各地陆续出现的农村专业合作社与20世纪50年代的农业合作化运动有本质的区别。后者否认农户私人产权，主张财产合并，实质上是在计划经济体制下搞农业集体化；而前者的本质特征是在社会主义市场经济体制目标确立的背景下，承认农户私人产权，只是交易的联合，它是按照国际合作社惯例运作的。

二、农村专业合作社的类型、特点

根据不同标准，可以把农村专业合作社划分为不同类型。按照发起方式可分为能人带头型、农民自发组织型、涉农部门推动型；按照服务内容可分为科技服务型、购销服务型、仓储服务型、信息服务型、运输服务型、一体化服务型；按照合作紧密程度可分为紧密型和松散型；按照活动领域可分为社区型和跨社区型。概括而言，农村专业合作社主要具有以下特点。

1. 合作内容的专业性

农村专业合作社是同一类农产品生产者或经营者围绕本区域的农业支柱产业或特色产业组建的，社员合作的目的就是从专业社中得到专业生产必需的服务，包括农业专业生产的产前、产中、产后环节的服务，因而在合作内容上具有明显的专业性。

2．跨地域性

农村专业合作社是按照专业化生产经营原则组建的，它在一定程度上冲破了行政区划的羁绊。

3．创办主体的多元性

创办农村专业合作社的主体有供销社、涉农学会、普通农民，包括具有一定市场经济或掌握某些农业专业生产经营技术的农民。目前，我国农村专业合作社已经出现了多元化发展格局。

4．运行机制发挥作用的整体性

利益分配机制、全程服务机制、自我约束机制等运行机制构成了一个有机整体。整体效能的发挥，使专业农户形成了一个以利益分配机制为核心的有利共享、风险共担的利益共同体。

5．发展的不平衡性

农村专业合作社是农村生产力发展到一定阶段的产物，因此由于生产力水平、制度安排和资源禀赋的差异，使农村专业合作社发展水平有所不同。

三、建立农民专业合作社的积极意义

农民专业合作社在新农村建设中发挥着桥梁与纽带作用，它的建立，使新形势下农民面临的一些难题，如小农户与大市场的矛盾、农产品“卖难”、农民增收缓慢等问题都有希望得到解决。目前，在我国“卖难”问题已经在很大程度上制约了农民收入水平的提高，市场销路问题已经成为处于分散的小农户面临的头号问题。在农民增收难的新形势下，发展农民专业合作社是帮助农民增收的现实选择，发展农民专业合作社已经成为建设社会主义新农村的必然要求。

1．发展农民专业合作社是实现农民富裕的根本途径

农民专业合作社最重要的是要帮助农民打开农产品的销售市场，解决农产品难卖以及卖不出好价的局面，这可以说是成立农民专业合作社的最初目的所在。在市场经济条件下，农产品能否顺利进入市场，直接影响着农民收入的增长和农业再生产的正常进行。农民专业合作社能够根据市场信息，按照市场需求组织农户有计划地安排生产，并按照市场行情有计划地组织销售，能够很好的避免分户生产经营的盲目性和随意性，有效解决农户内部相互间无序竞争；能以一种全新的形式提高农户的组织化程度，并通过为农户提供种苗、生产资料、技术、包装、储藏及销售等一系列服务，提高农产品的市场竞争力；并能有效降低交易费用和市场风险，较好地解决小生产与大市场之间的矛盾，提高农业经营的经济效益。

以广西贺州市八步区鹅塘镇塘面村马蹄莲协会为例，该协会成立于2003年4月，目前有会员1158户，种植马蹄莲333.33公顷，产品远销新加坡、加拿大和我国福建、广东、江西等地，每年由协会组织的马蹄莲销售额达5000多万元。2006年协会会员人均收入达3909元，比当地农户高出30%以上。协会的发展起到了良好的辐射带动作用，协会所在地的平桂管理区年种植马蹄莲达466.67公顷，年产量16万吨。马蹄莲协会同时还充分发挥协会的职能作用，积极引导农户通过“基地+协会+农户”的生产模式，大力发展贺州香芋等特色农产品生产，每年经过协会销往国内外的香芋达500吨以上。正是由于协会这种内接外连的桥梁和纽带作用，鹅塘镇塘面村马蹄莲协会水果生产才能够迅速走上产销两旺的发展之路，成功实现与市场的有效对接。

2．发展农民专业合作社是发展生产、实现农业产业化的必然选择

新经济学认为，有效的组织形式是社会经济发展中极其重要的社会资源。农业产业化经营，需要以相应的经济组织为依托，农户作为分散的经营者，不可能直接成为农业产业化经营的组织载体。我国要实现农业产业化，就必须进行农业产业化组织创新，以达到规模经营，农民获取农业产业链条中的平均利润等目的，各种农民专业合作社才有可能成为产业化经营的主要组织载体。通过农民专业合作社，使分散的农户从育种到生产、加工、贮藏、保险，甚至到流通和消费，形成一个完整的产业链和利益共同体。在农民自己建立的“生产、加工、销售”一体化的合作组织中，农民既是农产品的生产者，又是加工、销售企业的主人，形成农产品生产、加工、销售的一体化经营，从而保证农产品的附加值返还给农民。

农民专业合作社还可以作为农民与龙头企业联结的中介。农民专业合作社可以说是农民联结“龙头”企业、进入大市场的最佳中介组织。目前，我国农业产业化的基本组织模式是“公司+农户”，它可以把分散的农户组织起来，上接龙头企业，下连农户，用合同、契约规范龙头企业与农户之间的关系，较好地解决龙头企业与农户之间的矛盾和问题，填充农户与龙头企业之间的断层，从而找到一条组织千家万户发展农业产业化经营的有效途径。广西玉林市福绵区良平水果合作社就是一个很好的例子。自2005年6月以来，该合作社与广西重点农业龙头企业——宝中宝畜牧有限公司合作，建起“正桂香土鸡”养殖基地600多公顷，投资500多万元，采取由公司提供种苗、技术、饲料，保价回收，农民提供土地、劳动力和缴纳一定数量风险抵押金的形式，严格按照标准化生产要求组织生产，收到了很好的规模经济效益，养殖户年纯收入不低于2万元。

3．发展农民专业合作社是增强农民民主管理意识的有效途径

农民专业合作社作为一种经济组织，必须建立完善的民主管理制度。只有建立民主的选举制度，定期召开全体会员大会，民主讨论和决定重大事情，提高财务管理的民主化程度等，才能保证农民专业合作社成员的主人翁地位、主体地位和经济利益。实地调研中我们发现，很多地方农民专业合作社的凝聚力不强，其原因是农民反映合作社民主化程度不高，账目不清，会员对合作社的信任感不强，从而造成会员的积极性逐渐衰减。这样一来，农民专业合作社的生存与发展就会受到影响和威胁。全国人大常

委会2006年10月31日通过的《农民专业合作社法》，对合作社成员的权利及义务、成员大会的职权、理事会的职权、监事会的职权以及财会制度等都做了具体的规定。在农民专业合作社内部，实行民主选举、民主管理、民主决策、民主监督的形式，是推进农村基层民主建设、增强农民民主管理意识的有效途径。

4．发展农民专业合作社是培育新型农民和吸引并留住人才的最佳选择

农村的发展和农业的现代化，一方面是要把现代工业技术和高科技运用于农业生产和加工，另一方面要树立可持续发展观，促进农业的可持续发展。而农业技术的运用以及农业的可持续发展，归根到底还是要靠人去落实，即还要靠农民去掌握运用新的生产技术，需要农民确立现代的农业发展观，需要农民的现代化。与一些发达国家相比，我国农民的综合素质不是很高，长期形成的小农意识仍然留下了很深的烙印。如今，为了适应经济社会快速发展的需要，农民也开始意识到要有所改变才能跟上时代发展的要求。从一些发达国家的经验可以看出，农民合作经济组织是对农民进行教育或培训的最有效、最方便的载体，如肯尼亚的产品质量培训、韩国的思想教育培训等，通过“农民教育论坛”、“农民教育网”等平台，提高农民的认识和综合素质。教育、培训和提供信息是国际合作运动的基本原则之一，这一原则要求合作经济组织应对其成员、雇员以及一般公众提供教育，使他们了解合作经济组织及民主方面的原则和活动方式。在农民参与合作经济组织的日常活动中，受到的教育是多方面的。一是通过大量的培训和宣传，农民合作经济组织可以培养农民的合作和互助精神，有助于改变传统农民那种孤立和封闭的状态。实质上，现代农民合作经济组织就是在合作互助中诞生的。二是通过培训培育农民的市场意识，锻炼他们参与市场竞争的能力和勇气，进而可以解决小生产与大市场之间的矛盾。此外，农民合作经济组织还可以有效地强化农民的利益意识，能够引导农民团结起来，从政治和经济上保护自己的利益。

在就业形势日益严峻的今天，我国也一直在鼓励大学生去基层就业，尤其是要多引导那些学种植、养殖专业的大学生到农村去帮助农户发展，农村也确实很希望有人来指导。在曾经以包产到户闻名全国的安徽凤阳县小岗村，村民们又自发地搞起了发展合作社的运动，按照新的合作社模式，当年小岗村分到各家各户的土地将重新集中到集体合并开发利用。2006—2008年，小岗村从全国公开引进了30多名大学生，大学生通过实施土地流转、政策扶持发展蘑菇大棚，已带动村民发展大棚200多公顷，收益很大。为了提高农民的整体素质，为了农村能够更好、更快发展，广西地区的农民专业合作社也在组织一些相关的农民培训项目，农民通过参与合作社的相关培训，在掌握科技、分工协作、组织管理、市场营销、对外交往以及民主决策等方面得到锻炼，从而使市场意识、民主意识、合作意识得到了很大的提高，自我组织、自我服务、自我管理的能力也有了很大的改善，农民确实从中获得了不少益处。

5．发展农民专业合作社是提高农民社会地位、维护社会稳定的最有效方式

农民专业合作社为农户提供信息，极大地增强了农户应对市场的能力，同时还传达政府的政策信息，并将农民的反馈意见传达给政府，起到上传下达的作用。有了农民专业合作社，可以把农户组织起来，为政府调控和指导农业和农村经济提供组织基础和“抓手”。农民专业合作社作为中介组织，可以成为联结政府与农民的桥梁，以实施政府的指导，维护农民的利益。政府可以通过农民专业合作社指导农民生产经营，把国家的产业政策落到实处，使生产与市场需求得到有效衔接，避免生产的盲目性和无序性。

农民通过专业合作社，可以把自己的愿望、要求和农村工作中存在的问题及时地反馈给政府，可以大大增强政府指导农村经济的针对性和时效性。农民专业合作社作为独立的经济主体与企业发生关系，以法律为依据处理各种问题，政府可以从繁琐的具体事务中脱离出来。农民专业合作社不仅为农民走向市场架起了桥梁，也为政府与农民的沟通提供了新的渠道，能够有效减少政府的成本，促进农业政策制定的合理化和有关农业政策的顺利实施，极大地促进农村社会政治的稳定。

此外，大力发展农民专业合作社，有利于提高财政支农资金的有效性。国外经验表明，从立法、产业政策、财政、税收、合作教育和培训等方面，积极支持农民专业合作社为主要形式的农村中介服务性组织的发展，对发挥政府在农村和农业领域提供公共服务的作用，能起到事半功倍的效果。

第二节　农村经纪人

一、农村经纪人的定义和特点

农村经纪人是活跃在农村经济领域，以收取佣金为目的，为促成他人交易而从事农产品生产、加工、销售中介服务的公民、法人和其他经济组织。农村经济体制改革以来，我国农村经纪人队伍日益壮大，作用不断增强，繁荣了农村经济，促进了农业发展。其特点正如国家工商行政管理总局副局长刘凡总结的那样：

一是经纪人员数量迅速扩大，经纪组织形式、经纪业务方式已呈多样化；经纪的业务量越来越大，经纪科技含量日益增多，经纪效率明显提高。二是虽然大部分农村经纪人从事粮食、蔬菜、水果、牲畜、苗木、水产品等经纪，但就趋势而言，经纪的业务范围不断扩大，已开始涉及经纪生产资料、日用工业品等领域。三是农村经纪人的发展很不平衡。一方面，农村经纪人在经济比较活跃的地区如江浙地区发展得很快；另一方面，在西部经济发展较慢的地区农村经纪人则发展较慢。四是农村经纪人活动的季节性、区域性明显。农村经纪人的经纪活动一般随农产品的生产季节而变化。五是农村经纪人以个体经营为主，组织化程度偏低。在几十万农村经纪人实体中，个体经营占了很大比重；合伙型公司等经纪人实体，尚处于初始发展阶段，经营规模、经营信誉、经营资质、抗风险能力都比较低。六是农村经纪人整体素质亟待提高。由于个体经纪人所占比例较大，经纪活动大多呈松散型。农村经纪人相互之间缺乏信息联系和交流，更缺乏自律管理及权益的自我保护机制。

二、农村经纪人是现代农业发展的桥梁

在我国各地农村活跃着一批朝气蓬勃的农村经纪人，他们在流通领域，充当着农村经济的“红娘”，在自己致富的同时，也为家乡的发展、农业的增效、农民的增收贡献着自己的力量。干部群众称赞他们是振兴农村经济的好帮手。

1. 活跃的市场“红娘”

以湖北省枝江市七星台镇鸭子口村为例，这个村地处枝江市最东端，是个三县交界三面环水之地，一个非常典型的边远村。该村人均拥有耕地面积仅为1.3亩，由于长期种植棉花和粮食，效益低下。到1998年农民人均纯收入仅为865元。穷则思变，该村七组的李振武、李振雄、李昆山等一批人从贩销蔬菜上得到启示，就想在本村试着种植蔬菜，而本村河沿地带的油沙土质也特别适合蔬菜种植。在村委会支持下，七组率先试种蔬菜，翻开了该村种植结构调整的一页。由于当地时令季节比高山气候的其他村早一个月左右，正好是畅销蔬菜的空当，他们利用原有的销售渠道，适逢当时蔬菜价格好，很快就将当年本村种

植的蔬菜销售一空，当年七组仅春季蔬菜就获得净收入50多万元。

初试身手的农民们赚取了第一桶金后，村里许多农民迅速跟风而上。当年该村蔬菜总播种面积累计达到5500亩，如此大批量的蔬菜放在一起真可谓堆积如山，可他们硬是把这如山的蔬菜变成了钞票。

“我们的蔬菜能销售出去靠的是经纪人，在这场结构调整浪潮中，他们功不可没，起到了领头羊的作用。”七星台镇党委书记不无感慨地说。

该村目前从事专业蔬菜贩销的人员已经达到130多人。引发全村起步种植蔬菜的李振武、王一超、李学军等人，现在已成为常年坐镇外地市场、遥控本地蔬菜外销者。李学军还利用互联网做起了蔬菜生意，在营销中，已经开始实现了类似订单农业。蔬菜种植效益的提高，进一步推动了农民种植蔬菜的热情。而蔬菜种植规模的扩大和品种的增多，又使经纪人生意越做越大，同时对该地区的地域经济也产生了多层面的综合效应。随着该村蔬菜源源不断地外销，一大批人也随着蔬菜的流出走出了田野，该村常年在外从业的人员达到318人，目前已经占到全部劳动力的28%。大批在外从业人员不仅给当地带来丰厚的收入，也将各类信息最快地传递回村。蔬菜产业的兴起，带来的另一大变化是人们思想观念的变化，越来越多的人“洗脚上岸”，该村从事蔬菜贩运以外的二、三产业的人员也迅速壮大，仅从事生猪贩销的人就达30多人。这些人将该村的子猪和肉猪一年四季大量销售出去，使得农民们基本不用为销售发愁。围绕着该村的产品资源发展壮大起来的经纪人队伍，不但解决了农产品销路问题，也为该村劳动力的转移闯出了一条新路。该村已经具备了以蔬菜种植为主，专业分工明确、产供销渠道通畅的农业产业化经营的新格局。

2．异军突起、作用巨大

多年来，如何生产适销对路的农产品让农民伤透了脑筋。都说“市场要啥就种啥”，可长年在田间的农民如何看得清市场的阴晴?

农村经纪人走南闯北，了解市场行情，掌握市场信息，熟悉本地资源。为了繁荣和发展家乡的经济，他们不辞劳苦，一方面把新信息、新技术、新品种带回家乡，努力开拓家乡新的经济增长点；一方面又把家乡的农副产品推销出去，架起了一道道沟通城乡、沟通外界的桥梁。

农村经纪人一般采用“市场+经纪人+农户”的模式从事经纪活动。在这种模式下，一个经纪人联系着若干户农民，少的几户，多的上百户、上千户甚至上万户。

从国家工商总局调研情况来看，目前农村经纪人主要分为农产品经纪人、农村工业及手工业产品经纪人、农业科技经纪人等。农村经纪人的活动基本覆盖了所有的农产品，包括粮食、棉花、蔬菜、水果、药材等产品。

眼下，江苏、四川、湖北、江西、河北、黑龙江等地的经纪人，在地方政府的支持下，农村经纪人队伍像雨后春笋般成长起来，其经纪活动也更趋市场化、合法化、规范化。据国家工商总局最新统计，截至2009年6月，31个省（区、市）农村经纪人总户数达38万余户，经纪职业人员达61万余人，经纪的业务量达1707亿余元，对各地的农业发展作用巨大。

三、重视农村经纪人的培养

我国农村经纪人队伍日益壮大，作用不断增强，繁荣了农村经济，促进了农业发展，但同时也存在着规模小、组织松散、管理不够规范等问题。为进一步加强农村经纪人队伍建设，农业部2003年专门颁发了《加强农村经纪人队伍建设的意见》。

1．提高认识，重视农村经纪人队伍建设

农村经纪人是发展农村商品经济的能动因素。在市场经济条件下，农村经纪人队伍的发展，有利于密切产销联系，搞活农产品流通；有利于加快实用技术的推广应用，提高农业生产的科技水平；有利于传递市场信息，带动农户面向市场调整，优化农业生产结构；有利于农村二、三产业的发展，加快农业剩余劳动力转移；有利于形成产销合作组织和专业协会，提高农民的组织化程度。

实践证明，农村经纪人已成为沟通产销的重要牵线人和引导农民走向市场的带头人。在现阶段，加强农村经纪人队伍建设，是实现农业增效、农民增收和提高农产品竞争力的重要途径。

农村经纪人是农业部门与广大农户之间的桥梁。与普通农户相比，农村经纪人对农业和农村经济的宏观形势和具体政策更加了解，反应更为灵敏。农村经纪人承担了大

量的社会化服务功能，成为落实农业和农村经济政策的有效载体。通过抓经纪人队伍建设，农业部门不仅可以及时掌握农业和农村经济发展的有关情况，而且可以有效地宣传和落实各级政府的有关政策，以点带面，推动其他农户和整个区域经济的发展。加强农村经纪人队伍建设，是新形势下政府做好农业和农村工作的一个重要切入点。

农村经纪人是实现农村社会全面小康的重要推动力量。农村经纪人多数是农村的致富能人，他们在通过自身合法经营、增收致富的同时，还能带动周边农户发展生产，搞活流通，增加收入，改善生活。加强农村经纪人队伍建设，发挥农村经纪人的作用，是处理好农村先富与共同富裕关系，落实“三个代表”重要思想的具体体现，对于统筹城乡经济和社会发展、全面建设小康社会，具有现实而深远的意义。

2．明确目标，加快农村经纪人队伍的建设和发展

农村经纪人队伍建设，要紧紧围绕农业增效、农民增收和提高农产品竞争力的总体目标，针对当前农村经纪人队伍存在的实际问题，加大引导和扶持力度，促进经纪人经营规模化、活动组织化、手段现代化、功能综合化、市场多元化、服务信息化。

经营规模化，就是要鼓励经纪人树立信心，增加投入，完善机制，努力把经纪活动做强、做大，不断扩大经营规模。

活动组织化，就是要改变农村经纪人在发展初期的“单打一”模式，鼓励由个体营销逐步走上联合、合作之路，靠分工协作的集体力量开展经营活动，提高市场竞争能力。

手段现代化，就是加快运用现代技术手段，改善装备水平，利用先进、实用的交通、运输、通信和交易工具，提高经营和服务效率。

功能综合化，就是从单纯从事农副产品收购，向生产、加工、保鲜、贮藏、运销等一体化经营转变，把服务内容扩展到技术支持、生产指导、产后处理、项目咨询等诸多方面，由单一功能向综合功能发展。

市场多元化，就是要积极开拓新市场，扩大农产品的流通范围，逐步由以本地营销为主转向本地与外地、国内与国际营销并重，实现销售市场多元化。

服务信息化，就是要由注重农副产品的现货收购经销，向注重市场信息的收集发布方向发展，发挥好信息在引导商流和物流中的特殊作用，使经纪人成为农村信息传播的重要载体。

3．分类指导，积极培育多种类型的农村经纪人

我国农村经纪人数量多、分布广，形式多种多样。要根据不同类型农村经纪人自身的特点，分类指导，因势利导，促进农村经纪人队伍发展壮大。

依托批发市场，发展运销经纪人。批发市场是农副产品的重要集散地，市场形成的商流、物流和信息流联系着众多的农产品经营者，是经纪人活动的重要场所。要结合农产品批发市场的建设和培育，积极发展农村经纪人。批发市场要加强对场内经纪人的引导、组织与服务，密切与

外地经纪人的联系，使市场成为经纪人之家，成为培育和壮大经纪人队伍的有效载体。

围绕农业产业化经营，发展贮藏加工经纪人。针对我国农产品贮藏保鲜能力低、加工能力弱的现状，适应市场需要和消费变化，积极发展农副产品贮藏加工经纪人。在贮藏加工经纪人的连接和带动下，加快农产品贮藏保鲜与加工基础设施建设，增强农产品贮藏保鲜能力，促进农产品初加工和深加工发展，提高农产品附加值，增加农业效益。

结合科教兴农，发展农业科技经纪人。为落实科教兴农战略，要重视培育一大批农民用得起、农村留得住的农业科技经纪人，发挥他们的科技带头作用，向广大农民引进、推广先进实用的农业新技术、新品种、新设施，加速科学技术成果的转化和应用。

结合农村信息体系建设，发展信息经纪人。在农村信息员队伍建设中，要重视发展信息经纪人，发挥他们与农产品生产经营活动关系紧密、对外联系面广的优势，做好市场信息搜集、传播工作，使之成为农民发展商品生产的“千里眼”和“顺风耳”，在生产经营活动中帮助农民克服盲目性，增强预见性。

4．突出重点，加强对农村经纪人的联系、引导和服务

做好对农村经纪人的培训工作。农业部门要会同工商、税务、司法等部门对农村经纪人进行市场经济、法规政策、经营管理和国际贸易等方面知识的系统培训学习，努力提高农村经纪人队伍的业务素质和服务技能。

加强农村经纪人队伍的职业道德建设。要促进农村经纪人牢固树立诚实守信、合法经营观念，鼓励他们开展公开、公平、公正的交易与竞争。农业部门要会同工商等部门，依靠群众的监督，对经纪活动中出现的欺诈、强买强卖等违法行为予以打击、依法查处，维护市场秩序，引导农村经纪人走上自律发展的轨道。

加强对农村经纪人的信息服务和质量服务。推进乡镇农业信息服务组织建设，开通面向农村的信息服务平台，为农村经纪人建立起便捷、全面的信息通道，使他们能够及时发布或搜集信息，增强市场反应能力。引导具备条件的农村经纪人积极开展网上订货和电子商务，利用现代信息技术和手段拓展农产品市场营销空间。做好质量安全管理和产品质量标准工作，为农村经纪人的经纪活动提供权威可信的质量鉴定和仲裁服务，避免和减少因质量问题发生的纠纷。

做好组织、协调工作。引导农村经纪人组建联合体或行业协会，加强经纪人间的联系、协作与行业自律，使农村经纪人队伍向组织化、规模化方向发展。农业部门要支持经纪人联合体或行业协会开展同业交流与协调工作，为其提供信息、技术和政策咨询服务，帮助建立健全组织机构和规章制度。指导农村经纪人协会工作，不能搞包办代替，也不能干预协会正常工作，要尊重协会“民办、民管、民受益”的民间组织地位，支持协会独立自主开展工作。

农村经纪人队伍建设，需要有一个良好的政策环境和舆论氛围。各地区、各有关部门应从支持农业和农村经济发展、增加农民收入出发，采取切实有效措施，为农村经纪人发展创造有利的条件。要加强对经纪人作用的宣传，并建立激励机制，对优秀农村经纪人，给予物质和荣誉鼓励。发展农村经纪人队伍，工作重点在基层，县乡农业部门要加强对本地区农村经纪人的联系与服务，帮助解决实际问题；省级农业部门要加强工作的指导与督促，协调有关部门出台优惠政策，共同努力扶持农村经纪人发展。

第三节　如何做好农村经纪人

当前，农村经纪人在各地大量涌现，并日益成为新兴的市场主体。这是市场经济不断完善的必然产物，也是农村经济迅猛发展的必然结果。这些根植于农村的广大经纪人，将千变万化的市场与千家万户分散的农民有机连接，在沟通供需、衔接产销、传播信息、增加就业、促进当地农村产业结构调整和农业增效、农民增收等方面，正发挥着日益重要的作用。那么如何才能成为一名优秀的农村经纪人呢?

一、异想真能让天开——创新思维策略

创新思维，是指“打破传统观念，用辩证的、联系的、运动的思维方式去联想、假设、创造，以发现新的方法、新的模式和新的观念的创意形式”。创新思维有许多具体的环节，对于农产品开发市场而言，比较适用的有以下几种。

1．世间万物，息息相关——超序联想法

超序联想法，即把看似风牛马不相及的事物，通过联想、假设，加上中间因素，使之联系起来，创造独特产品的方法。农村经纪人开发农产品市场，应把本土资源当做一个核心物质，再把流行的某种东西当做联想物，加上中间因素，形成一种新信息、新产品或新服务。比如，本乡有莲藕，城市里学生爱吃膨化食品，能不能把莲藕加工成藕粉，做出膨化藕食品？找"旺旺"食品厂，或者找食品工业学校的研究室，这样就能开发新的产品和技术。

2．越分越细，越连越亲——拉线相干法

拉线相干法，指确定一个问题点，向不同方向拉出相关因素的变量指标，再细分出一系列小指标，使各小指标之间相干，从而得出无穷创意的方法。即把需要创新的问题分解成A、B、C、D等大类，再把各类因素分解成a、b、c、d等小类，形成各自的问题焦点，最后将各焦点问题进行两两相干或三三相干，形成新产品。

3．东拼西凑，男娶女嫁——聚合成形法

聚合成形法，是指对两个以上因素进行非线性叠加、聚合后升华出新的创意的方法。对企业新产品而言，就是把企业产品与当前时尚联系在一起，创造独特产品的思维方法。

运用聚合成形法要奉行这样的思路：把本乡本土的资源充分利用起来，会形成独特的资源。例如，本村玻璃厂能生产酒杯，邻村小酒厂能生产一种果酒。

把两种因素叠加，设计出一种一瓶果酒加八个高脚小酒杯的组合包装礼品酒；本村能生产小台灯，邻村有家具厂，就可设计在躺椅背上装一盏可伸缩的干电池台灯，供给喜欢躺着看书的人在休闲时，或在旅行途中，随时可以边休息，边看书。

4．大处着想，小处着眼——裂变构造法

裂变构造法，指将某一事物的组成因素不断分解，形成个性或特性事物的方法。运用裂变构造法时要这样拓展思维：假如家乡有鹅，并且已经开发了风干鹅供应市场，按照裂变构造法的思路，鹅可以分为餐厅用、旅行用、礼品用、小食品用等。

餐厅用鹅，可将其分解成鹅头、鹅脖子、鹅掌、鹅肝等许多类。

旅行用鹅，可以做成罐头、真空包装、瓦罐装、竹筒装的酱鹅头、麻辣鹅脖、剔骨鹅掌、卤鹅肝、清蒸鹅脯等许多类。

礼品用鹅，可以开发成整只鹅、半只鹅、前脯鹅、后座鹅、四小碟鹅、“美酒＋美人翅”的双美鹅，或“一把鹅毛扇＋肚子里塞有春笋”的成竹在胸主题的“诸葛亮”鹅。

于是，风干鹅一下就多开发了几十种产品，可以满足顾客的不同需要。

5．以情动人，现场引导——意场感应法

意场感应法，指因融入特殊环境，使之触景生情而促

使人脑产生新创意的方法。比如，一亩农田种上几十万株野草，成熟时采收，制成千草干花标本，夹在“友谊卡”、“情人节卡”、“圣诞卡”、“新年卡”中，作为一种显现大自然、见物如见人的特别贺卡。贺卡上面写着：“你是大树，我愿做树下的小草”；“我愿默默地为您作铺垫”；“平凡中见伟大，雨露里见顽强”……这种创意教会农民，显然会比种小麦、大豆、猕猴桃收获得更多。

二、眼观四处，耳听八方——整合资源策略

每个人都有其特点和优点，每个企业也有各自的特色和资源。能够把个人或企业的特别长处都找出来，融合成一个新的产品或项目，这就是“整合资源”。管理和整合资源，就是要眼观四处，耳听八方，对各种农村经济信息搜集、整理，并加以有效地利用。其策略主要有加、减、乘、除法几种。

1．加法——让1＋1＞2

一个经纪人如果掌握2个经纪项目，这2个项目之间又有点联系，比如，一个地方盛产大豆，另一个地方豆制品销量特别好，此时，把两地的资源加以整合，则形成1＋1＝2。如果农村市场的经纪人既做种大豆的经纪人，又做豆制品的经纪人，为买卖双方从事经纪服务。同时，又为卖豆制品的开辟进入大城市的经纪业务。于是乎，这个经纪人就从1＋1＝2的经纪业务中又获得一项业务，形成1＋1＞2的业务链。

2．减法——让1－1＞1

开发农村市场不仅是让客户增加收入，而且还要为客户减少损失而努力。比如，东北大豆特大丰收，正在准备向南方大型植物油厂作强力推销。而当地的大豆种植大户正为一点点差价问题和这家油厂争执不下。此时市场营销人员应将东北大豆即将倾销而来的消息告诉本地种植大户，以引起其注意，并迅速调整谈判策略，按双方可以接受的价格，签订全部大豆的销售合同。当本地大豆运往油厂库房之后，东北大豆推销员赶来此地，为时已晚。本地种植大户得知此事，非常感激。他虽然比本来的愿望减少了收入，但比双方合作不成功则减少了损失。高兴之余，把第二年的大豆销售的经纪业务全部交给这位经纪人。这就是整合本地长期资源，获得1－1＞1效应的例子。

3．乘法——让2×2＞4

乘法就是几何级数增长方式。利用信息可以重复传播的特点，某经纪人把A地的大豆信息委托B地的亲戚对外传播。这个亲戚认识一些植物油厂和作坊的采购人员，这些人相互传递了A地的大豆供货信息，结果获得三个油厂的订单。这个比喻说明，信息传递一个层次就是一个级数，再传递一个级数时，第一次提供信息的人并没有花费精力，可是获得经纪业务成功的概率就提高了一倍，这就是2×2>4公式的基本意思。因此，想获得乘数效应的经纪人，其整合资源的成功奥秘之一就是增加信息传播的层级。

4．除法——让2÷2＞2

这里的“除”法，就是指“比”的意思，相互比较之后，可以获得更高的利益。比如大豆。作为本地大豆种植户的经纪人，向何处推销大豆是非常关键的。怎么选择比较呢？把各地行情一一列举出来加以对照，并且仔细研究品种、装运、收款等相关的量、本、利的问题，得出正确的结论：今年不是向南方而是向北方推销大豆，因为北方某些地方今年大豆歉收，植物油厂外贸订单增加，大豆收购价格上扬。这就是整合资源技术中2÷2＞2公式的意思。

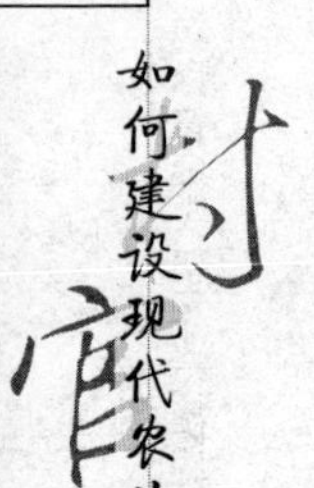

三、下手＋动手稳——抓住机遇策略

机遇有时就像抓在手上的泥鳅，不认真对待，转眼间就从手指缝溜掉了。可是，就是有人面对机遇无动于衷。不是他们不想抓机遇，而是对如何抓住机遇，缺乏技巧与策略。

1．平时积累，有备无患

老百姓指责那些没有长远眼光、遇到困难就慌的人是“平时不烧香，临时抱佛脚”。“平时烧香”，就是早做准备，而机遇总是偏爱有准备的人。“平时烧香”表现为：养成搜集信息的习惯，善于归纳和分类信息，善于信息交流，善于协调和保持良好的人际关系，等等。

2．当机立断，抓住不放

机遇都有来去匆匆的特性，要及时抓住，不使流失。问题是，什么样的事件才是机遇呢？一般来说，机遇就是能够使你掌握的稀缺资源得到有效利用和迅速增值的机会。比如，一位经纪人获得了A地一位波尔羊专业养殖大户开辟东北市场的委托，在寻寻觅觅之中，突然发现农业部专业网站上发布一条消息，有一个黑龙江肉类食品加工厂打算大量养殖波尔羊，供应东北市场，现在找不到正宗波尔羊的种羊。经纪人立即和他们取得了联系，并提出波尔羊在东北养殖没有在江南养殖效益更好的理由，建议由A地长期低价提供波尔羊的羊肉。建议很快获得答复，对方来人考察后，签订了长期供货合同。

3．掌握节奏，急而不乱

机遇要抓得准，更要抓得稳。以农村经纪业务为例，好的经纪业务应该对双方都是机遇才行。但人们的认识往往并不一致，买方急的事情，不一定卖方就急。经纪人不论在语言上还是在行动上，都要掌握好节奏。如本地某苹果园，在刚挂果的时候，有一家大型企业找到经纪人，要求帮助他们找一个果园定购它所有的苹果，只是希望在防晒纸套上镂空一个这家企业的商标图案，以便今后成熟的苹果上留有本企业的商标印记，成为“广告苹果”。经纪人觉得是个机遇，立即找果农商量。可是果农认为今年苹果可能行情看涨，不愿现在就把苹果全部按当前价格包出去，再加上镂空防晒纸套还要订做，麻烦。经纪人此刻并不过于催促，以免果农有其他想法，他就自己出资先行订做了10万个镂空商标防晒纸套无偿地向果农提供，并签订了一个保底浮动价格包销合同，同时又和那家企业签订了委托经纪合同。到了收获季节，苹果大量上市，出现滞销现象。这家果园的苹果因为有包销合同在先，果农没有损失，那家企业也因“广告苹果”获得了广泛的声誉，企业的工业产品一炮走红。结果，果农主动支付了防晒纸套的工本费，企业也自愿支付了较高的经纪费用，经纪人名利双收。

四、独辟蹊径——创造机会策略

机遇多半是碰上的、意外的，只不过被有准备的人抓住了而已。当遇到被动的局面，只要善于动脑，就会有所突破，创造市场机会。

1．利用天时，审时度势

常言道，识时务者为俊杰。所谓“时务”，就是大环境、社会环境，就是天时。连战先生到北京参加两岸经贸论坛，中共中央台办原主任陈云林受权宣布和通报了大陆方面将进一步采取促进两岸交流合作、惠及台湾同胞的15项政策措施。其中，关于“扩大台农产品和水产品在大陆销售、对台11种蔬菜实行零关税”、“新批两岸农业合作试验区”、“开放台农产品运输绿色通道”的措施，都是农村经纪人大显身手的“天时”。如果此时考虑成为台商在内地专卖店的经纪人，促进在本地开设分店，这种分店进货渠道正宗而直接，成为各地经销台湾农特产品的“稀缺资源”，敏感的经纪人就抓住了一个业务发展的机会。

2．抢占地利，掌握乡情

开发农村市场，应当把市场行情与农村乡情结合起来。农村经纪人要充分发挥对本乡本土的资源比较熟悉的优势，同时又要了解掌握外界的行情，提出开发市场的好创意，和实业家们协商，争取他们的支持，投入实验，这样，很可能获得意想不到的好效果。比如，当地水果种植比较普遍，就是附加值较低，有市无价。经纪人设想着把苹果、橘子、梨子用光合作用将它们“染”成五颜六色，或者“染”成广告苹果、商标梨子、地球仪柚子。如果种植成功，经纪人就获得了当地的一大稀缺资源，就可以全力奔赴各城市企事业单位和机关（特别是广告公司），推广本地拥有巨大广告效应的水果。

3．争取政通，巧用政策

创造机会并不是超越政令和法规的限定随心所欲。把政府的政策研究透彻，发掘和使用规定中对本地资源有用的信息，就有可能创造机会。比如在国务院有关部门批准的“促进两岸交流合作、惠及台湾同胞”的15项政策措施中，新批准在广东省佛山市、湛江市和广西玉林市设立两个两岸农业合作试验区，在福建省漳浦县、山东省栖霞市设立两个台湾农民创业园，这些地区的农村经纪人，应当立即行动起来，力求得到当地政府的委托或同意，向台湾及全国各地台胞，作投资项目推广。外地的农村经纪人，也可以和这些地方联系，获得相关信息后，做大量的经纪工作，至少可以联系未来的农产品代理销售问题。因此，创造机会，有时就在于把政策吃透之后的感悟和行动之中。

4．实现人和，关注民心

人们之间相处，总是“以和为贵”；商人做生意，总是说“和气生财”。什么是“和”？从字面上看，就是“把庄稼的事挂在嘴边上”。农村人关心什么？首先就是“禾”。开发农村市场，首先从“禾”的话题谈起，在农村就可以找到很多知己。如果把“禾”字的内容扩大，农村经纪人要把那些农民兄弟关心或者从事的事情，农业的资源，都看成是“禾”，关心农民所关心的问题，就是“和”。因此，创造“人和”环境的技巧，其实很简单，就是多交流，多关注大家所关心的问题，并且创造性地提出解决问题的方案。

五、磨刀不误砍柴工——市场渗透策略

农村市场的开发，既需要有应对竞争变化，实行高效快速的扩张策略，也需要有适应客观条件，实行稳扎稳打的逐步渗透策略。

1．好事不在忙中起——科技开发

开发市场，一般都需要具有超前和超值的意识才能主动发掘。超前，发掘未来的市场；超值，意味着对项目的延伸或开发附加价值，创造更美的“钱”景。怎样做才能形成超前和超值的眼光呢？走在市场经济最前沿的农村经纪人，往往看重经纪项目的科技含量，瞄准科技开发不放手。有时一些具有高科技性质的项目，需要高投入，而且耗时费力，往往当时不被人理解，市场几乎是空白。但是，这样的项目，多半当事人拥有自主知识产权，委托给你就是第一手项目，是稀缺资源。这样的项目，当事人一般都要做技术开发或试验，没有精力顾上市场开发性人

才，也可能不懂市场开发。这样的项目，市场上空白，价格上未知，如果开发得当，就有可能具有超额利润。走在市场经济最前沿的农村经纪人，对这些信息一定要非常敏感，抓住不放，尤其把视线瞄准高科技农业技术，主动帮助农业科学家开发农村市场，在开发中享受成功的喜悦。

2．练就扎实基本功——调研铺路

市场调研是市场开发的起点，也是农村经纪人成就事业的基本功。市场经济必须讲诚信，但诚信是要有基础的，并不是空中楼阁，这个基础就是信息的可靠性和有用性。把握信息是否可靠和是否有用，唯一的办法就是充分进行调研。这种调研不仅是指对信息来源的调查、核实，而且要包括对接受或购买信息的客户资料的调研。世界上好的经纪项目太多了，可是正在进行调研的这位客户的客观条件和主观因素达到了正确使用经纪资源的程度没有？有的人出于急功近利，有的人出于盲目轻信，有的人出于猎奇好胜，他们对你可能提供的信息充满希望，愿意花费金钱，不要你承担责任，购买你的项目。可是，你没有掌握他们的第一手资料，不能确认他们对该项目拥有80%以上的成功把握，这时，你就不能不反复去做深入的调研。根据调研结果再确定业务的交易方法，于是，你才可能赢得最大的诚信。

3．温水泡茶慢慢浓——示范推广

农村市场开发，有些事情应该抓紧但急不得，这和我国几千年形成的封建意识和农民的思想意识有关，一时间还不容易解决。开发农村市场有时需要耐心细致的解释，慢工才能出细活。比如，推广一种圈养黄鳝的技术，这对一般农民来讲是一件新鲜事。从来黄鳝都是放养，圈养能养活吗？对此不能着急，一着急就想另找别的地方去推广，结果到处都一样。此时，可进行小范围的试验推广，请几个农村经纪人作为示范对象，准备几个网箱，沉在水塘里，买来小黄鳝放进去喂养，到城市的农副水产品市场去签订供货合同，到圈养黄鳝的发源地去取经学习，掌握全部技术要领。到了金秋季节，黄鳝个大肚圆，一条就有两斤重，把农民们吓了一跳，卖出的价格也令人羡慕。经纪人的辛苦也没有白费，许多养鳝户都把圈养的黄鳝委托给这位经纪人经销，经纪人从中获取部分中介费。聚沙成塔，汇涓成河，养鳝的人多了，经纪人即使薄利，也因多销而获取相当的利益。

4. 放长线钓大鱼——教育引导

农村经纪人对市场的开发，可以借鉴打鱼的办法。比较极端的打鱼方法叫“竭泽而渔”，就是把水塘里的水抽干了抓鱼。论一次性捕获的总鱼量，这种方法最好，可是第二年就啥鱼也抓不到了。正确的方法是放水养鱼，抓大放小，年年有鱼。农村市场开发亦应如此。

“放长线钓大鱼”指的就是放水养鱼。应该通过不断地灌输知识，不断地加强培训，对具有项目资源的当地村民进行教育。放水养鱼也指给鱼以适合生长的环境和条件。

参考资料

1. 刘斌等：《中国三农问题报告》，北京，中国发展出版社，2005。

2. 孙爱仙：《把脉中国现代农业》，载《中国创业投资与高科技》，2005(1)。

3. 唐胜军：《美国发展现代农业的基本经验及其借鉴意义》，载《中国农垦》，2009(2)。

4. 白跃世：《中国农业现代化路径选择分析》，北京，中国社会科学出版社，2004。

5. 林坚，杨柳勇等：《由传统走向现代的浙江农业》，杭州，浙江人民出版社，2001。

6. 邓楠，万宝瑞主编：《21世纪中国农业科技发展战略》，北京，中国农业出版社，2001。

7. 邓楠主编：《世界农业科技现状与趋势》，北京，中国林业出版社，2001。

8. 王旭贵：《立足项目支撑，促进园区建设——温江现代农业发展驶入快车道》，载《农村建设》，2008(7)。

9. 薛艳杰：《上海农业地域类型演变及都市现代农业发展研究》，2007届优秀博士学位论文。

10. 王爱玲，秦向阳，文化：《都市型现代农业的内涵、特征与发展趋势》，载《中国农学通报》，2007(10)。

11. 施南昌等：《上海都市型现代农业发展与人才需求开发研究》，上海，上海财经大学出版社，2004。

12. 俞菊生：《中国都市农业——国际大都市上海的实证研究》，北京，中国农业科学技术出版社，2002。

13. 文化，陈爱玲，陈俊红：《聚焦都市农业》，北京，中国经济出版社，2005。

14. 张强：《法国巴黎大区的城郊农业》，载《世界农业》，1997。

15. 范子文：《台湾"城市化与都市农业"考察报告》，载《台湾农业探索》，1997。

16. 果雅静，吴华杰，马铃等：《都市型现代农业的发展模式研究》，载《生态经济》，2007(11)。

17. 刘春香：《发展观光休闲农业，实现农业可持续发展生态经济》，载《生态经济》，2006(2)。

18. 北京市农村工作委员会等：《北京农业科技园区的实践与探索》，北京，中国农业出版社，2005。

19. 谷曼：《我国循环农业发展理论简析》，载《安徽农业科学》，2006(25)。

20. 全国生态县建设领导小组办公室：《中国生态农业》，北京，中国农业科技出版社，1996。

21. 曹糖，王斌：《都市型现代农业体系的构建——以天津静海县为例》，载《农业环境与发展》，2008(6)。

22. 皮立波：《现代都市农业的理论和实践研究》，2001年优秀博士学位论文。

23. 任爱华：《国外生态农业发展的比较借鉴》，载《农村农业农民》，2004(12)。

24. 安韶山，李壁成，黄懿梅：《宁南半干旱退化山区庭园生态农业模式及效益分析》，载《干旱地区农业研究》，2004(4)。

25. 高扬：《榆林市生态农业发展现状与对策》，西北农业大学2007年优秀硕士论文。

26. 邵泽亮，薛仔昌，高林等：《东海县农业局推广“猪一沼一果（菜）”生态农业模式的效益分析》，载《养殖技术顾问》，2009(3)。

27. 胡金业：《西单村现代生态农业示范园区发展现状及对策研究》，合肥工业大学2008年优秀硕士论文。

28. 李金才，张士功，邱建军等：《我国生态农业模式分类研究》，载《中国生态农业学报》，2008年(5)。

29. 薛守贵：《江苏省涟水县生态农业模式分析与发展规划研究》，南京农业大学2007年优秀硕士论文。

30. 《国外观光休闲农业鸟瞰》，载《农村经济与科技：农业产业化》，2008(07)。

31. 尹义坤，刘国斌，胡胜德：《日本旅游休闲农业经验对吉林省的借鉴》，载《现代日本经济》，2008(2)。

32. 陈念东，陈励颖，谢志忠：《观光休闲农业开发规划与模式选择探讨》，载《内蒙古农业大学学报》，2007(6)。

33. 柯立：《观光休闲农业策划的思路和方法研究》，载《江苏师范学院学报》，2008(6)。

34. 李瑞芳：《农业科技园区的主要功能和作用机制

及制约因素》，载《农技服务》，2008(11)。

35. 董德显：《多姿多彩的国外农业科技园》，载《农产品市场周刊》，2006(17)。

36. 代正福，蒋和平，安和平：《中国农业科技园的建设模式及特点》，载《贵州农业科学》，2005(01)。

37. 宋玉丽，王德成，李军：《农业科技园区发展存在问题与对策》，载《西北农业大学学报》，2005(05)。

38. 王勇：《农村专业合作社的几个基本理论问题》，载《西北农林科技大学学报（社会科学版）》，2001(06)。

39. 《我国农村经济发展呈现六大特点》，载《四川农业科技》，2005(09)。

40. 荚莺敏：《农村经纪人市场开发策略探析》，载《唯实》，2007(08)。

41. 郑颖，王鹏：《休闲农业——旅游与现代农业结合的典范》，载《旅游时代》，2008(1)。